# El museo como Templo

COLECCIÓN DE ENSAYO

La Huerta Grande

Lorena Casas Pessino

# El museo como Templo
# (y otros disparates)

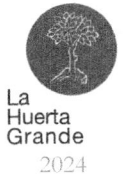

La
Huerta
Grande
2024

Madrid, junio 2024


EDITA:    La Huerta Grande Editorial

        Serrano, 6. 28001 Madrid

        www.lahuertagrande.com

ISBN: 978-84-18657-53-5

D. L.: M-7042-2024


Diseño cubierta: Editorial La Huerta Grande según idea original de Tresbien Comunicación

Producido por Quares


Impreso en España/*Printed in Spain*

*Para Gonzalo Casas Pessino,* in memoriam

*A Camila y Cósima*

ÍNDICE

EL MUSEO COMO TEMPLO

# ¿Disparates?

El ensayo que firma Lorena Casas Pessino no es fácilmente clasificable. En principio podríamos inscribirlo en el ámbito de la museología, dado que su interés se centra en esa institución especialmente encargada de conservar y difundir el arte que es el museo (de bellas artes, se sobrentiende). Su tesis al respecto puede formularse con rotundidad: el museo es como un Templo, no tanto por su aspecto —aunque en algunos casos su arquitectura fácilmente nos pueda llevar a evocar la de los templos de la Antigüedad grecorromana— como por su contenido, pues la contemplación del arte que alberga nos permite el acceso al ámbito de lo sublime y de lo divino. De este modo, la autora se ve conducida a respaldar su tesis museológica con una teoría estética, incluso metafísica, de corte claramente pitagórico-platónico.

Sin embargo, que el museo sea como un Templo no es tanto una descripción como una prescripción.

Lo que se defiende no es tanto que el museo sea como un Templo como que debiera serlo. Y si debiera serlo, y no lo es, es porque desde hace tiempo los museos, a la vez que buscan cumplir una misión pedagógica de difusión del arte entre la población, se han convertido en una oferta de ocio que busca atraer a un público masivo, cuanto más numeroso mejor. Difícil imaginarse una experiencia extática contemplando *La Gioconda* en una sala atestada de un público a la búsqueda del selfi con el cuadro de Leonardo de fondo o que, en el mejor de los casos, el de los visitantes más críticos, convierten la misma masificación de la sala en la imagen que comparten por WhatsApp. Difícil conservar el aura en los tiempos no solo de la reproducibilidad tecnológica, sino también del turismo.

Y hay todavía otro problema que esta situación engendra, que no pasa inadvertido a la mirada penetrante de Lorena Casas Pessino. Y es que dado el indudable éxito que los museos han conseguido en su campaña de captación de un público masivo, y dada su capacidad didáctica, han adquirido un potencial de influencia en la opinión pública que los convierte en campo de batalla propicio de la guerra cultural: un lugar privilegiado desde el que denunciar, por ejemplo, el heteropratiarcado o el colonialismo.

Frente a esta situación, la propuesta de la autora de este ensayo es en parte una apelación individual —no nos dejemos llevar por el didactismo, desnudémonos de prejuicios y abrámonos al goce sublime que el gran arte produce en quien lo contempla inocentemente— y en parte una toma de partido de corte conservador, *old whig*, que se enfrenta a los excesos «revolucionarios» de los puntos de vista de la *woke culture* —expliquemos bien la historia que no fue y por qué no lo fue, y desertemos del intento de crear una historia impostada a la medida de nuestros actuales valores—.

Bien, ¿y qué tiene todo esto de disparatado? A mi entender, nada. Quien hace todos estos diagnósticos y propuestas acredita una importante experiencia museográfica y una sólida formación en Historia del Arte y hasta filosófica; se apoya además en una extensa y pertinente bibliografía y, sobre todo, lo que dice puede ser discutible —en mi caso, por ejemplo, no creo que la experiencia del goce estético requiera el respaldo de una estética y una metafísica pitagórico-platónica; ni creo que una imposible vuelta a una supuesta inocencia infantil sea el mejor modo de conseguirlo; ni comparto la moderación conservadora con que la autora se enfrenta valientemente, todo sea dicho, a la corrección política que trata de imponer la cultura *woke*—, pero es indiscutible que resulta razonable.

¿Disparates, pues? No…, a menos que con el título la autora quiera hacer un guiño goyesco al lector. Pues con los *Disparates* del genio de Fuendetodos podríamos encontrar una analogía en el estilo digresivo de su escrito, en la libertad con que en él se expresa y en la clara intencionalidad crítica que lo anima.

Lorena Casas Pessino nos invita a que gocemos del gran arte que albergan los museos. Yo invito al lector a que goce reflexivamente con la lectura de su ensayo.

VICENTE SANFÉLIX VIDARTE
*Universidad de Valencia, marzo de 2024*

# El museo como Templo
## (y otros disparates)

Según los estatutos del Consejo Internacional de Museos (ICOM, por su sigla en inglés) aprobados por su Asamblea General en 2007, un museo es «una institución sin fines lucrativos, permanente, al servicio de la sociedad y de su desarrollo, abierta al público, que adquiere, conserva, investiga, comunica y expone el patrimonio material e inmaterial de la humanidad y su medio ambiente con fines de educación, estudio y recreo». Esta definición se puede ampliar para incluir entidades culturales privadas con fines de lucro ya que, si no lo hacemos, dejamos fuera a demasiadas instituciones que también merecen ser consideradas museos. Los museos, por lo tanto, exponen colecciones, conjuntos de objetos, casi siempre valiosos, que reflejan algún aspecto de la existencia humana o su entorno.

Sabemos que durante la Antigüedad en los templos se guardaban objetos de culto u ofrendas que se exhibían durante las celebraciones religiosas y rituales.

Hay referencias que aluden a un interés coleccionista en época babilónica y en el Egipto faraónico, pero el coleccionismo como tal existe desde la época clásica. En el Imperio romano los objetos valiosos y obras de arte que coleccionaban algunos —pocos— individuos los tenían expuestos en sus villas (muchas veces en sus jardines en el caso de las esculturas), y sabemos que los mostraban con orgullo. Es, sin embargo, en el Renacimiento, con la proliferación de importantes descubrimientos arqueológicos y el auge de las expediciones científicas que volvían con artefactos dignos de ser expuestos —y por lo tanto coleccionados—, cuando se empieza a dar el nombre de «museo» a edificios dedicados a la exposición de colecciones, siempre privadas.

Asimismo, es en el siglo XVIII, el llamado Siglo de las Luces, bajo el revulsivo de la Ilustración, con su cultivo de la razón, fe en el progreso, pasión por las ciencias y un incipiente afán didáctico, cuando en Europa alumbra el interés por democratizar el acceso de la sociedad al arte y comienzan a abrir a un público —restringido— colecciones hasta entonces privadas (en muchas ocasiones para la formación de artistas). En Roma, los Musei Capitolini abren al público en 1734 y en Florencia, la Galeria degli Uffizi abre en 1765 con entrada limitada. El primer museo fundado bajo un prisma explícitamente didáctico dentro de la ortodoxia de la Ilustración se da con la apertura del British Museum en 1759 (y que, por cierto, atesorando dos millones de años de la historia de la humanidad, es posible que sea la institución que mejor pueda atestiguar nuestra existencia en caso de que la especie se extinguiera). A este movimiento se une el impulso ideológico y la labor desamortizadora de la Revolución francesa, del que el mayor exponente es el Musée du Louvre de París, que abre en 1793 en lo que fue la residencia de los monarcas de Francia antes de la construcción de Versalles.

En España, la apertura del museo del Prado en 1819 se debe a la feliz conjunción tanto del impulso didáctico de la Ilustración como del impacto de la Revolución francesa; en este caso cuando Fernando VII (que no quería perder su cabeza), animado por su esposa, la reina María Isabel de Braganza, destinó el edificio diseñado en 1785 por Juan de Villanueva como Gabinete de Ciencias Naturales por orden de Carlos III para ser la sede del Real Museo de Pinturas y Esculturas, que luego pasó a denominarse Museo Nacional de Pintura y Escultura y, posteriormente, Museo Nacional del Prado. Siguiendo el modelo francés (sin cabezas cortadas), su germen es, pues, las colecciones reales.

La idea del museo como Templo es tan antigua como los museos mismos. La palabra «museo» proviene del latín *museum,* y esta a su vez del griego *museion* o 'casa de las musas', las nueve divinidades hermanas que personificaban las artes y las ciencias (y que en el caso del museo del Prado reciben al visitante en el ábside de la llamada Sala de las Musas en rojo pompeyano). No en vano, la descripción arquitectónica de casi todos los museos clásicos de hoy en día es, efectivamente, la de un Templo.

Como analiza el profesor Jaime Buhigas, la primera condición de toda sacralidad es la segregación. Un santuario es un espacio en primer lugar delimitado como especial, como sacro, separado. Y es dentro de ese espacio delimitado donde puede ocurrir la experiencia de lo sagrado. Si la descripción básica de un templo clásico es la de un recinto de planta rectangular sobre un basamento, rodeado de columnas cubierto por un tejado a dos aguas, con una entrada principal en un extremo y la fachada con un pórtico de columnas sobre el que se asienta un entablamento formado por un frontón triangular, arquitrabe y friso (A. W. Lawrence, *Greek Architecture,* 1983), creo que es fácil que a todos nos venga a la memoria tanto un templo clásico como diversos edificios destinados hoy en día a albergar tesoros de la humanidad: el British Museum, la National Gallery de Londres, la National Gallery de Washington D. C. o el Philadelphia Museum of Art (o las sedes de asambleas legislativas y bancos..., otro tema fascinante).

En el mundo occidental pues, arquitectónicamente, el museo clásico (instituciones que albergan colecciones de arte antiguo) se ha concebido como un Templo siguiendo los cánones neoclásicos del siglo XVIII con el fin de generar una experiencia *sagrada* de los tesoros que contiene. La llamada Puerta de Velázquez del Museo Nacional del Prado es un buen ejemplo de ello. Todos los que hemos subido las escaleras de acceso al Metropolitan Museum de Nueva York (Met), *ascendemos* —como también lo hacía Robert *Rocky* Balboa en la película de 1976 cuando entrenaba en los llamados *Rocky steps* del Philadelphia Museum of Art— para adentrarnos en un espacio sagrado. Y así debe ser. Porque los objetos que atesoran son, efectivamente, sagrados.

Una gran mayoría de las obras en museos como el Prado, el Louvre, el Met o el British Museum fueron comisiones para la Iglesia o piezas realizadas como objetos de devoción. Y los que no lo son fueron encargos dignos de admirar, muchas veces de venerar y, sin duda, de atesorar. Todas son obras que han sobrevivido por tener un valor y ser, por lo tanto, protegidas. Hoy en día somos muy conscientes de este aspecto del valor. No solo por ser obras que reconocemos como únicas, sino por ser tesoros a los que el mercado —y los seguros— ponen cifra.

A la experiencia sagrada del museo clásico contribuye, además, de manera muy relevante otro elemento poderoso: el valor indiscutible que tiene como *auctoritas* en nuestra sociedad. Quien se adentra en el museo del Prado (y vuelvo a hablar del Prado porque lo conozco muy bien y creo que nos toca de cerca a muchos) se rinde en el umbral de acceso a la palabra del museo como especialista máximo, como institución de la que se espera ejerza, con la potestad que se le reconoce, su inequívoca autoridad.

Para confirmar de qué manera y hasta qué punto el público se rinde a la experiencia sagrada de la visita al museo y a la autoridad de sus especialistas, le animo a que disfrute de la interesantísima serie de fotografías de visitantes en museos de todo el mundo que, a lo largo de varias décadas, realizó el fotógrafo alemán

Thomas Struth en instituciones como el Art Institute de Chicago, la Galería de la Academia de Florencia o el Hermitage de San Petersburgo.

Tuve el privilegio de coordinar la estancia de Struth en el Prado cuando vino a Madrid para fotografiar al público del museo y me contagió su interés por estudiar el comportamiento del visitante, del ser humano ante el arte en ese espacio. Como se puede apreciar en las imágenes incluidas en el catálogo de la exposición «Making Time», celebrada en el Museo Nacional del Prado en 2007 con motivo de la presentación de la nueva serie, únicamente los niños se acercan a las obras consideradas más importantes, icónicas o valiosas, mientras que los adultos se mantienen a una cierta distancia, no se atreven a acercarse. Ponen distancia. Pocos son quienes dan un paso para arrimarse y ver más de cerca una obra, incluso agacharse. Creo que esto tiene que ver con el concepto de *valor*. De niños, nos aproximamos al arte sin pudor, pero una vez que somos conscientes del valor económico o la rareza de una pieza, no osamos acercarnos más. Querido lector, vuelva a ser niño ante el arte de vez en cuando, se lo recomiendo.

Pues bien, retomando el hilo de la historia de los museos, a lo largo del siglo XIX los recién fundados en Europa abrían sus colecciones, pero a ellos accedían unos pocos (artistas, minorías cultas, diletantes ociosos) y eran instituciones con vocación de enseñar y gozar. En cuanto a la museografía de ese periodo, es interesante destacar el gusto abigarrado tan propio del XIX: cuanto más colgara de sus paredes mejor, tal y como muestra el pintor Fernando Brambila en su *Vista de la rotonda del Real Museo* de 1829-1834 (hoy perteneciente a las colecciones de Patrimonio Nacional en Madrid). Esto se pudo constatar muy claramente en la exposición «El grafoscopio. Un siglo de miradas al Museo del Prado (1819-1920)», celebrada en el Prado en el año 2004, dedicada a los albores de la difusión nacional e internacional de la fama del museo gracias al invento de la fotografía y donde se presentó la panorámica continua de la Galería Central del Prado en 1883. Las pinturas ocupaban todo el muro, desde el zócalo hasta la cornisa superior y, a veces, incluso invadían esta. La disposición de las obras se articulaba alrededor de las grandes escuelas española e italiana, sin entrar en subdivisiones regionales ni seguir parámetros cronológicos. Un visitante del siglo XIX se encontraba con un verdadero popurrí de cuadros bajo el gusto estético de llenar por completo las paredes y cubrir los huecos entre las obras principales con lienzos de menor formato —aunque fueran secundarios— siguiendo criterios de simetría. Un amor por el *horror vacui* en toda regla.

Es hacia finales del XIX cuando surge el verdadero *boom* de los museos, con los Estados Unidos a la cabeza. Así como en Europa el origen de muchos museos estaba en la apertura al público de colecciones privadas, en los Estados Unidos la llamada Era de los Museos fue una iniciativa comunitaria que surge en las grandes metrópolis a instancia de personas ilustres y adineradas en un afán por formar a sus conciudadanos. Decía Joseph Duveen, uno de los más exitosos marchantes estadounidenses de las primeras décadas del siglo XX: «Europa tiene una gran cantidad de arte y América una gran cantidad de dinero». El Viejo Continente se convirtió en el principal mercado de arte para millonarios de ese país que, muy bien asesorados por personajes como el propio Duveen, Bernard Berenson (primo lejano de la actriz Marisa Berenson, protagonista de la bellísima *Barry Lyndon* de Kubrick) y la pintora impresionista Mary Cassatt, entre otros, buscaban obras para sus nuevas mansiones y las colecciones de su ciudad.

Los museos americanos se fundaron como instituciones públicas pensadas para cubrir un vacío en la formación de sus ciudadanos, y el objetivo de sus colecciones era, por lo tanto, el de educar. Es precisamente por esto que, a la hora de adquirir obras, los americanos tuvieron siempre muy presente el objetivo de reunir colecciones «enciclopédicas», comprando para ello las mejores piezas posibles de cada periodo. En Europa, un caso singular precisamente por no ser resultado de la nacionalización de una colección real, sino de una iniciativa del propio Gobierno, es la National Gallery de Londres, fundada en 1824 con un objetivo igualmente enciclopédico. La relación de la ciudad de Londres con su Galería Nacional es tan íntima y especial que cuando todas sus obras fueron evacuadas durante la Segunda Guerra Mundial para protegerlas de los bombardeos, una petición popular logró que una sala del museo permaneciese siempre abierta con una obra de la colección expuesta cada mes para poder ir a visitarla de manera gratuita. El programa Picture of the Month (Cuadro del mes) sigue formando parte de las actividades de la National Gallery, honrando de esta manera tan exquisita su memoria bélica.

Pero volvamos a los museos recién fundados al otro lado del Atlántico, puesto que es interesante destacar la museografía de estas primeras y fantásticas colecciones americanas, que es la base de la que impera hoy en día. Al ser colecciones muy jóvenes, con muchísima menos obra que las que existían ya en el Viejo Continente, y por lo tanto al no poder llenar las paredes siguiendo las pautas museísticas europeas de moda por aquel entonces, para darle más empaque a cada pieza colgaban sus cuadros con algo más de espacio entre obras. Y para hacer más eficaz la función didáctica que las sustentaba, optaron por mostrar sus colecciones siguiendo criterios basados en escuelas y un orden cronológico. La verdad es que esta manera de exhibir las obras hacía más fácil la apreciación, lectura y disfrute de cada pieza individualmente. Pronto las colecciones europeas empezaron a decantarse por la manera de colgar de los americanos que, paradójicamente, ¡era la fórmula que encontraron al otro lado del Atlántico para subsanar una escasez de obras!

Entre otras muchísimas transformaciones, la Segunda Guerra Mundial supuso que los Estados Unidos se convirtiesen en la principal fábrica, primero militar y luego civil, del mundo. El éxito de su desarrollo económico dio lugar a décadas de crecimiento —y enriquecimiento— de su clase media. Al concluir la década de los años 70 nos encontramos en los Estados Unidos con una generación joven, económicamente pudiente, los llamados *baby boomers,* que ya tienen sus propias familias y que, con sus amplios recursos, buscan opciones de ocio para ellos y sus hijos.

Es la explosión de los *malls,* o centros comerciales donde las familias disfrutan y gastan los fines de semana, cuando viajar ya no es el privilegio de unos pocos, sino que está al alcance de muchos, y se multiplican exponencialmente las visitas tanto a Disneylandia como a los teatros de Broadway. Hay ánimo de gastar y consumir. Y en un mundo como el estadounidense, donde —además— el currículum educativo público presta poca atención a las Humanidades, los museos americanos, con el Met a la cabeza, buscan atraer a esas familias como nuevos visitantes. Se meten de lleno en ese mismo mercado de ocio como una propuesta más en la ciudad, que además destaca por ser una opción que vende el mejor elitismo y formación. Para ello, la maquinaria de una institución tan potente y luminaria como el Met, con un director pionero como Philippe de Montebello, a quien los medios llamaban El Rey Sol tomando prestado un término de la industria del cine, se inventa el concepto de la exposición *blockbuster,* que hasta entonces solo se había acuñado para el éxito comercial de una película de Hollywood. La pregunta «¿Dónde vamos este fin de semana, al cine o al Met?» se convirtió en una opción nueva, y dos millones *más* de visitantes al año optaron por ir al Met en vez de ir al cine durante sus treinta años de liderazgo. La verdad es que el programa de exposiciones que llevó a cabo el Met de Philippe de

Montebello, de una calidad intelectual extraordinaria y un rédito comercial increíble, ha sido muy difícil de superar. Se convirtió en un escaparate tan importante que, con sus exposiciones de los años 80 y 90, el Met hacía más labor diplomática que el Departamento de Estado. Cuando ningún estadounidense osaba poner un pie en Teherán, allí iba una delegación del Met, con su legendaria jefa de Exposiciones Mahrukh Tarapor a la cabeza, y lograba préstamos impensables para mostrar joyas del patrimonio de Irán en el mismo Manhattan. Todo el mundo quería formar parte del Met y contagiarse de su aura. El éxito del modelo fue extraordinario. El incremento tanto en el número de visitantes como en el de ingresos por patrocinio lo avalan. Tenemos que recordar que la única institución verdaderamente pública según los estándares europeos en los Estados Unidos es el Smithsonian Institute (el Met solo recibe una ayuda pública de la ciudad de Nueva York para cubrir el gasto de la luz), por lo que atraer público y dinero es absolutamente esencial para la supervivencia de los museos de este país y, desde hace algún tiempo, para algunos europeos también. Las exposiciones (carísimas por los seguros) se convierten en foco principal de atracción. La estela del Met la siguieron todos los demás importantes museos americanos y, más tarde, los europeos.

La respuesta europea a la hegemonía museística americana fue liderada por Francia de la mano de un gran dúo: François Miterrand como presidente y un ministro de Cultura como Jack Lang, heredero de los ideales con los que en su día André Malraux transformó el Ministerio de Cultura moderno en época de De Gaulle. Miterrand y Lang supieron comprender el impacto que podría llegar a tener la cultura como vehículo dinamizador en un Estado tan centralizado como el francés, y optaron por un potentísimo intervencionismo estatal en aras de una democratización de la alta cultura. La cultura entendida como servicio público, como proyecto político muy bien pensado, calibrado y ejecutado. La Ópera de la Bastilla y la Biblioteca François Miterrand salieron de ese impulso que dejó su impronta en la ciudad de París. El Louvre también se vio afectado con la ampliación diseñada en 1988 por el arquitecto sinoestadounidense Ieoh Ming Pei (1917-2019), cuyo exponente más emblemático es la pirámide del patio central. En cuatro años su número de visitantes se duplicó y hoy en día —con casi diez millones al año— es el museo más visitado del mundo. La National Gallery de Londres inauguró su ampliación en 1991, la llamada Sainsbury Wing del americano Robert Venturi (1925-2018), como respuesta a un público cada vez más numeroso y exigente, con espacios dedicados exclusivamente a su programa de exposiciones, tienda y cafetería. El éxito es igualmente rotundo. En España, la legendaria exposición antológica dedicada a Velázquez de 1992 en el museo del Prado se considera un punto de inflexión en nuestra historia cultural. Por primera vez en España se formaron colas para acceder a un museo ¡para visitar una muestra con casi todas las obras pertenecientes al propio museo! El último de los grandes museos internacionales en llevar a cabo una ampliación fue precisamente el Prado, en 2007, de la mano del arquitecto Rafael Moneo. De nuevo, las cifras hablan por sí solas del éxito: si en 2001 el museo recibió 1.500.000 visitantes, en 2019 (antes de la pandemia de la covid-19) fueron algo más de tres millones, y en 2023 la cifra ha sido de 3.241.263.

Sin embargo, tan extraordinario éxito tiene un precio. Para empezar, la calidad de la visita. No es lo mismo acceder a la sala de un museo con veinte personas que con cien, como sucede hoy en cualquier institución importante. Tuve ocasión de escuchar a Philippe de Montebello explicar cómo calibraba el Met el número máximo de visitantes que podía acoger el edificio. Aseguró que el tope lo marcaban los aseos: el momento en que la limpieza de los baños no se podía mantener era el parámetro que tenía el jefe de Seguridad para bloquear la entrada.

Que el modelo es un éxito no cabe la menor duda. Yo misma trabajé durante casi quince años en el museo del Prado con ese objetivo y puedo asegurar que pocas cosas dan tanta satisfacción como formar parte del equipo de una institución pública que se esfuerza, cada día, para ofrecer tan gran arte al mayor número de personas, de todas las edades, nacionalidades y perfiles culturales y socioeconómicos. Sin embargo, el resultado de este éxito es que el museo como Templo —templo de la cultura— se ha ido desdibujando, transformándose en una opción más de ocio, en un ágora, mercado o bazar, como expone Shirley Reiff Howarth en su artículo «Today's Museums. Temples or Forums». Son las «dos almas en un mismo reino» de san Agustín, que dieron título a la conferencia que ofrecí en la Fundación Canis Majoris de Madrid en 2021 y de la que este texto es una versión ampliada.

Durante la mayor parte de su historia, un museo como el Prado abría las puertas por la mañana y cerraba por la tarde. Poco más. Era un museo silencioso, al servicio del gozo, la contemplación y de la formación (de unos pocos, claro está), siguiendo la misión para la que fueron fundados la mayoría de los museos clásicos. No había indicaciones de ningún tipo, ningún texto o cartela. Y, de hecho, muchos hubieran preferido que permaneciera así.

Porque, si en un primer momento los museos abrieron inicialmente con vocación de gozar y de enseñar, la balanza se ha ido decantado a marchas forzadas por la atención a la didáctica, como analiza Victoria López Benito en un artículo sobre museografía en *Anales de Historia del Arte*. Al mismo tiempo que el estudio de las Humanidades ha ido decayendo en el currículum escolar de Occidente, el potencial educativo de los museos se ha visto encumbrado. La inmensa mayoría del público que visita un museo de arte hoy en día, tanto adulto como infantil, *cree necesitar* decodificadores. Y es por ello que se han convertido en centros didácticos. Textos, cartelas, recursos didácticos, dispositivos portátiles, pantallas de todo tipo tanto en las salas como en la mano del visitante, talleres infantiles, etcétera, han invadido las salas. Todos ellos son recursos para ayudar a interpretar el arte y, de paso, fidelizar al visitante (empezando por el infantil y, por extensión, a sus padres). La atención a la didáctica se ha convertido en una obsesión en todo gran museo.

Comparto plenamente la utilidad de este tipo de intermediación y me alegra saber que, gracias a los recursos didácticos, un mayor número de personas se atreven a acercarse al arte, sobre todo al de los museos clásicos, que son los que parecen infundir un mayor respeto. Pero, en el fondo, es una pena. Porque con ello no solo se pierde el gozo del arte, sino que, en vez de elevar el nivel del visitante —exigiéndole más—, se minimizan las expectativas que se pueden esperar de él (o de ella): un acto de desprecio, al menos objetivo, hacia ese receptor, como dice Rafael Sánchez Ferlosio en *Borriquitos con chándal. Escritos sobre la educación, la enseñanza y el deporte*. Partiendo de la premisa de que al visitante no se le puede pedir más, los museos participan hoy de lo que Alberto Royo señaló en las páginas de *El Mundo* como una «desidia generalizada que mitiga el arrojo por ambicionar la erudición». Yo creo que se puede exigir más de quien visita un museo, y se debe..., aunque para ello ayudaría mucho tener un sistema educativo que formase mejor.

Escribe Rodrigo Terrasa en *El Mundo* que España, donde un 40,7 por ciento de la población tiene estudios superiores, el porcentaje de aprobados en las pruebas de acceso a la universidad ha pasado de 78 por ciento al 92 por ciento en las últimas dos décadas, que en seis años la nota media ha pasado de un 8,75 sobre 14 puntos a un 10,34, y que el número de sobresalientes se ha triplicado. Si a estos datos añadimos las quejas de los profesores universitarios acerca de que el alumnado que accede a sus centros llega con poca capacidad de pensar, analizar críticamente y comprender lo que leen, se puede entender el fracaso del sistema educativo español del que tanto se habla. Es una «estafa piramidal» que nadie se atreve a fiscalizar y en la que participamos todos: los profesores aprobando más de lo que deberían para no ponerse en evidencia y competir en éxito frente a otros colegas, los centros educativos que no quieren altas tasas de fracaso escolar ni peores resultados que la competencia, los gobiernos que quieren presumir de estadísticas, los estudiantes que solo quieren tener buenas notas y los padres, a quienes nos encanta fardar de hijos que lo aprueban todo. Habiendo olvidado el objetivo final de la educación y aceptado que las múltiples leyes educativas se construyan sobre un discurso buenista que prima que el alumno siga adelante y no se traumatice, la educación en España ha perdido valor. En una de sus reflexiones acerca de la enseñanza, Ferlosio reconocía una «*mímesis a la baja*: que la inercia del discurso escolar tiende a adaptarse al nivel del más tonto». Con ello solo se logra apatía en las clases, tanto por parte del alumnado como de sus profesores, y que los estudiantes brillantes interpreten que el esfuerzo no tiene recompensa; la «desidia» a la que aludía más arriba y que poco a poco mina una sociedad de su potencial de excelencia.

Un elemento seguramente más determinante de lo que creemos en la paulatina decadencia de la educación en nuestro país ha sido la progresiva introducción de la tecnología en las aulas, al mismo tiempo que lo hacía en los museos. Según varias investigaciones recientes, se ha comprobado que lo que hasta hace poco se consideraba una innovación pedagógica supone una distracción y, de hecho, empeora el aprendizaje («Computers and productivity. Evidence from laptop use in the college classroom»). Tanto es así que una política de *no electronical devices* se ha empezado a adoptar en muchos institutos, colegios y escuelas de negocio en Europa, así como en centros escolares de Silicon Valley, epicentro de la economía digital, optando por prohibir tabletas y ordenadores para volver a introducir el libro de texto y los apuntes a mano.

Es posible que la proliferación de los ordenadores en las aulas tuviera inicialmente relación con los objetivos de una pedagogía —más progresista y buenista— que buscaba poner al alumno en el centro del aprendizaje frente al papel del profesor. Pero por mucho que proliferen las pantallas en las clases, será difícil que un dispositivo electrónico pueda asumir el papel de transmisor de conocimiento que tiene un profesor, «porque la información no es lo mismo que el conocimiento», dice la divulgadora canadiense Catherine L'Ecuyer en un artículo publicado en *El Mundo* de la periodista Olga Sanmartín. Internet proporciona la información, pero más importante es saber buscarla, analizar y reconocer su validez. La Generación Google tiene pericia con la tecnología y es rápida a la hora de encontrar la información, continúa Sanmartín, pero depende demasiado de los motores de búsqueda, no profundiza y carece de las competencias críticas y analíticas para discernir entre información válida y la que no lo es. No tiene el nivel de alfabetización digital que se le atribuye «porque las competencias digitales se han planteado desde el punto de vista técnico —el saber usar— en vez desde el punto de vista humanístico, que supone entender el valor de la información en su contexto».

En cualquier caso, la tecnología y la inteligencia artificial están aquí para quedarse. A muchos les preocupa que con ello la humanidad se vuelva más perezosa (como los pasajeros de las naves de *Wall-E*), más descuidada (los humanos prestan menos atención cuando creen que una máquina ya lo ha comprobado) y que incluso reduzca nuestro cociente intelectual, como parece ser que lleva ocurriendo desde 1975; un suceso, este último, que explica Ricardo F. Colmenero en *El Mundo* analizando los datos del llamado «efecto Flynn», que mide la subida paulatina anual de las puntuaciones en coeficiente intelectual en casi todo el mundo y que, habiendo crecido durante gran parte del siglo XX, han empezado a caer significativamente. Otros, como Diego del Alcázar, CEO de la IE University en Madrid, entrevistado por Raquel R. Incertis en *El Mundo,* prefieren llamar a la inteligencia artificial por su nombre —«algoritmo predictivo del lenguaje»— para abrazarla con menos recelo y aliarse con la tecnología que ofrece la sociedad de la información, pronosticando un rápido desarrollo de las Humanidades, actualmente denostadas, para transformarla en una «sociedad del pensamiento». De esto precisamente se ocupa Pablo Sanguinetti en su ensayo *Tecnohumanismo,* donde sitúa la tecnología como un asunto irremediablemente ético, filosófico y estético, y reclama que se sumen al debate sobre su desarrollo figuras del humanismo «no como invitados de cortesía», sino como protagonistas de esta revolución.

Hablando de nuestro mundo hipertecnológico y de las Humanidades, creo que es pertinente recordar aquí el mito fundacional de la tecnología, la historia de Prometeo, el titán que entregó la capacidad técnica a los hombres. Para el filósofo Giovanni Nucci, (Roma, 1969) la historia nos muestra cómo «la tecnología, *per se,* tiende a superar los límites, a invadir el campo de lo divino». El mito cuenta que Prometeo roba el fuego —la técnica— a los dioses para dárselo a los hombres, provocando la ira de Zeus y el consecuente castigo: encadenado en las montañas del Cáucaso, un águila le devora el hígado durante el día y se le regenera por la noche. Lo que nos quiere transmitir el mito, explica Nucci en el artículo de Hernández Velasco de *El Confidencial,* es que la tecnología tiene unos límites y que superarlos desencadena un desequilibrio. Como rey de los dioses, Zeus se encarga de mantener las fuerzas en equilibrio. Y cuando surge un desequilibrio, Zeus «debe devolver el equilibrio a las fuerzas divinas». Creo que, como todos los mitos, este contiene un mensaje que conviene recordar.

También conviene recordar que Sócrates fue un pensador ágrafo, que se negó a utilizar la escritura, una «tecnología avanzada» en su tiempo, como medio para divulgar su conocimiento. En un famoso pasaje del diálogo *Fedro* de Platón (que escribió mucho), Sócrates relata el célebre mito de Theuth y Thamus donde se rechaza abiertamente el invento de la escritura por considerar que acabaría con la memoria y, por lo tanto, con la cultura. Ante el grotesco apresuramiento de un mundo que parece solo mirar al futuro, el filósofo Emilio Lledó (Sevilla, 1927) escribió una joya, *El silencio de la escritura,* que ofrece precisamente una de las más bellas reflexiones filosóficas sobre la memoria y la escritura. Si no ha leído esta obra que fue Premio Nacional de Ensayo en 1992, me debe una.

Vivimos pues en una sociedad de la información, secuestrados por una tecnología que nos hace creer que es imprescindible para manejarnos en el mundo. El filósofo —y superventas— surcoreano Byung-Chul Han (Seúl, 1959) lleva tiempo denunciando en sus maravillosos ensayos breves los peligros de esta dominación tecnológica en la que, como asevera, el móvil ha suplantado al rosario. Los museos también han sucumbido a la intermediación y la sobrecarga informativa, como no podía ser de otra manera.

Muchas obras de arte se explican por sí solas. Para entender otras muchas se necesita ayuda. Pero un exceso de intermediación, el empleo de los recursos de la museografía didáctica, dirigen tanto al visitante que le niegan lo que López Benito describe como «la experiencia de la contemplación de lo sublime». Me pasa, de hecho, a mí. Ante una cartela o texto cerca de una obra me dirijo automáticamente a leer esa información y, como si con ello tuviera saciado todo lo que necesito saber relativo a esa pieza, paso a la siguiente. Casi sin detenerme. Tengo que hacer un verdadero esfuerzo por no leer nada, precisamente para darme la oportunidad de mirar, sumergirme y disfrutar.

Un mínimo de información ayuda, es indiscutible. Y cuando digo «mínimo», me refiero a una ficha técnica básica (nombre del autor, título de la obra, fecha de realización y técnica) y, si acaso, un breve texto explicativo. Pero lo maravilloso es activar en el visitante la curiosidad por saber más sobre una obra que le ha llamado la atención, sobre todo cuando hoy en día la información está más a mano que nunca. Cuanta menos información se ofrezca en la sala, mayor será el gozo ante la obra y la exigencia al visitante, estimulando su curiosidad para que luego busque esa información adicional. Hablo de incitar a regocijarse con lo que *a priori* parece lejano e inaccesible. Aspirar a lo selecto. Porque «deleitarse ante un cuadro hermoso cultivando el gusto estético perdura y engrandece el viaje de perfeccionamiento personal que es aprender», como defiende el profesor Royo en su «Vindicación del elitismo intelectual».

Porque lo triste hoy en día es que el museo ofrece servicios tan tentadores e intermediaciones didácticas decodificadoras tan eficaces que uno puede ir a un museo clásico como el Prado a pasar varias horas y ni siquiera mirar una obra. Literalmente.

Todo gran museo tiene una tienda estupenda a la que normalmente se puede acceder sin pasar por las salas, una agradable cafetería y, si puede ser, un restaurante de chef famoso al que, por cierto, también se puede ir sin pasar por ninguna sala. Uno puede, por lo tanto, ir al Louvre sin ir al Louvre. Y si visitamos sus salas, es posible que, entre textos, cartelas y pantallas, se nos olvide mirar la obra. Menos mal que hay museos como el Prado que no permiten sacar fotos…, porque ¿han visto ustedes lo que ocurre delante de *La Mona Lisa* en el Louvre? ¡Nadie mira la obra! Todo el mundo está tomando una foto del cuadro con el móvil (o sacándose un selfi, haciendo *marketing* de su vida) antes de pasar a la siguiente obra.

Y no he tocado el tema de los avances en el campo de la digitalización e impresión de imágenes. Ya existen técnicas para realizar copias tridimensionales tan fieles al original que es prácticamente imposible distinguirlos, ni siquiera tocando la copia. Dentro de nada ya ni siquiera nos importará no estar ante los originales. Como explica Byung-Chul Han en su ensayo *Shanzhai,* en una cultura como la china, donde la idea de original y copia es tan diferente a la que tenemos en Occidente —por entender que lo original es deconstructivo y atenta contra el cambio—, se reivindica el cambio precisamente como diferencia transformadora, y toda copia —de la que hay muchos ejemplos en la tradición artística china— se puede llegar a valorar tanto o más que el original. No nos debe pues extrañar que sea una sociedad en la que no existe problema moral alguno frente a la falsificación y la copia (desde bolsos de Louis Vuitton a embriones). Pues bien, dentro de pocos años auguro la proliferación de museos en China con magníficas copias de todas las obras maestras del arte occidental.

Es un panorama desolador. Porque el arte nos recuerda quiénes somos. Es la manera que tenemos de acercarnos a lo sublime. De rencontrarnos con los dioses.

La revolución de Descartes, con su «Pienso, luego existo», encontró su más eficaz altavoz durante la Ilustración del siglo XVIII, cuando la razón se erige en instrumento de dominio máximo de la naturaleza y del hombre. Como analiza el profesor Manuel Abella, hablamos de un movimiento cuyo objetivo es «iluminar» al género humano empleando esta claridad para transformar su existencia. Quien coronó la Ilustración, Immanuel Kant (1724-1804), sintetizó la cuestión en su ensayo de 1784 *Contestación a la pregunta ¿qué es la Ilustración?,* con su célebre definición de esta como la «salida del ser humano de una culpable minoría de edad». Frente al niño de la Edad Media, cuando la cultura occidental se había mantenido en una minoría de edad a través del sometimiento de la sociedad a autoridades políticas y religiosas a quienes se seguía acríticamente, la Ilustración representa el salto del ser humano a la «vida adulta», momento en el que el hombre, en posesión y uso de la razón, tiene la obligación de utilizarla para autodeterminarse, sin delegar esta tutela en ninguna otra persona o institución.

La Ilustración fue una suerte de gran corriente multidisciplinar que no solo afectó a la filosofía, sino también a la ciencia, las artes y la política, y que buscaba alcanzar una cultura de la razón universal que permitiera las mismas cadenas argumentativas en todos los casos y ámbitos de la vida. Una misma razón que lo rigiera todo, lo explicara todo, empezando por entender —racionalmente— la propia divinidad. Esta razón llevó al ser humano a desechar su realización más allá de la vida terrenal y la concepción medieval de la existencia en la tierra como una preparación para la trascendencia. Exista o no un más allá, la Ilustración impone como legítimo imperativo la realización inmanente o mundana del ser humano, la búsqueda de la felicidad aquí y ahora como objetivo último (en la Declaración de Independencia de los Estados Unidos del año 1776 aparece como un derecho inalienable), y para ello exige poner a su disposición todos los medios técnicos, sociales y políticos tendentes a ella. Y como clave de la dicha, la «diosa razón», que todo lo ilumina.

Pero no es esta la razón especulativa de Descartes, sino la razón científica, la razón experimental de la ciencia que se legitima por su «utilidad», por su pragmatismo, como modelo privilegiado de conocimiento. La ciencia convertida en la aplicación práctica de sus resultados como clave de la felicidad humana entendida como progreso. Con ello se acuña una idea nueva de futuro que se basa, paradójicamente, en la *fe* de que la aplicación práctica del conocimiento científico llevará a la realización última del ser humano, entendiendo «progreso» como el desarrollo de la humanidad hacia el dominio técnico progresivo de la naturaleza (y que hoy en día estamos, sin duda, en vías de alcanzar). El logro de la felicidad dependerá pues de ella, de esta razón potenciada y actualizada como tribunal último que puede dirimir qué es bueno para nuestro bienestar y autorrealización, relegando a un nivel secundario otras dimensiones humanas como la imaginación, las emociones y los sentimientos, en las cuales no se debe confiar.

La Ilustración supuso un momento absoluta y radicalmente fundamental en la historia del pensamiento en Occidente. Somos, ante todo, herederos del llamado Siglo de las Luces. Sin embargo, la identificación del ser humano exclusivamente con la razón, desconfiando de las pasiones y los sentimientos, también nos mutiló. De manera muy silenciosa, casi sin darnos cuenta, perdimos algo sublime y esencial en ese proceso de deificación de la razón y que nos ha dejado más perdidos de lo que somos capaces de reconocer.

Uno de los primeros en cuestionar las excelencias del progreso fue Jean-Jacques Rousseau (1712-1778) en su *Discurso sobre las ciencias y las artes* de 1750, donde el ginebrino se plantea por primera vez el problema al que buscará responder a lo largo de toda su vida intelectual, según la tesis del profesor Juan José García Norro: si existe relación entre progreso científico y progreso moral; si el progreso científico ha venido acompañado de un progreso moral de la humanidad, si nos ha hecho mejores personas. A través de tres obras —*El contrato social*, el *Emilio* y *Las confesiones*—, su repuesta será la posición «antiilustrada», según la cual la aplicación de las ciencias y las artes (con su significado latino de *ars*, es decir, 'técnicas') para resolver los problemas humanos ha sido un absoluto fracaso, de tal manera que el progreso científico ha resultado perjudicial y nefasto para la humanidad. A mayor progreso científico, peores personas somos, argumenta Rousseau en el texto del *Discurso:*

> Mientras las leyes y el gobierno subvienen a la seguridad y al bienestar de los hombres congregados, las ciencias, las letras y las artes, menos despóticas y más poderosas quizá, extienden guirnaldas de flores sobre las cadenas de hierro de que están cargados, ahogan en ellos el sentimiento de esa libertad original para la que parecían haber nacido, les hacen amar su esclavitud y así forman lo que se denominan pueblos civilizados.

Según Rousseau, vivimos en sociedad únicamente para satisfacer las necesidades del cuerpo (sobrevivir), obviando satisfacer las necesidades del espíritu (vivir bien). En este sentido, las ciencias y las artes han contribuido de manera eficaz a lo primero. Tanto es así que vivir en sociedad es vivir encadenado a nuestras necesidades corpóreas; y las artes, a modo de «guirnaldas», no sirven para romper esas cadenas, sino para ocultarlas, decorarlas, disimularlas. Las artes dulcifican el estado de esclavitud y nos hacen por lo tanto esclavos felices. Estas guirnaldas nos hacen sin duda más refinados, pero generan una vida en sociedad en la que predomina la hipocresía: dar la apariencia de virtudes sin tener ninguna. Por lo tanto —y esta será la idea central de todo el pensamiento rousseauniano—, urbanidad y sociedad no han sabido cultivar las necesidades del espíritu. Tan solo hemos progresado para ser más refinados, pero ello solo ha implicado que nuestro trato social esté mediatizado para que parezcamos buenos y virtuosos, sin serlo en verdad.

De nuevo puede parecer que me he despistado. Me temo que no será la última vez que ocurra. Sin embargo, aparte de la belleza del discurso de Rousseau, este circunloquio (¡cómo me gusta esta palabra!) me permite poner al lector en modo alerta puesto que, yo también, voy a valorar a continuación otra «pérdida», producto del «progreso» mitificado por la Ilustración.

Desde la Antigüedad, deseo y conciencia, cuerpo y pensamiento, arte y conocimiento se concebían como una Unidad siguiendo la definición de «amor» como la unión entre opuestos propuesta en *El banquete* de Platón. En el texto, Aristófanes explica que los humanos eran en su origen criaturas hermafroditas (los denomina «andróginos»), con dos cabezas, cuatro pies, cuatro brazos y dos órganos sexuales, que caminaban por la tierra completos, satisfechos y felices. Pero los dioses, preocupados por su fuerza y arrogancia, decidieron partirlos en dos mitades, dos seres con dos pies y dos brazos que desde entonces vagan por el mundo y se buscan deseando encontrar a la mitad perdida de sí mismos. El origen del popular mito de la media naranja.

Pues bien, si durante siglos la unicidad de opuestos fue una lograda aspiración, el éxito de la Ilustración, poniendo la razón por encima de todas las cosas, escindió la comunión de estos amantes y, como el jinete sin cabeza del cuento de *La leyenda de Sleepy Hollow* de Washington Irving (1820) —cuya adaptación al cine de Tim Burton (1999) es también fabulosa—, deseo y conciencia, cuerpo y pensamiento, arte y conocimiento fueron cercenados. Ante el abrumador dominio de la razón, la naturaleza (pasiones, imaginación, emociones, sentimientos) fue reprimida; y desde entonces, como en el mito de Aristófanes, andamos como cuerpos sin cabeza, buscando reunificarnos. Me gusta pensar —y creo— que el museo como Templo, un lugar como el Prado, es una puerta, un portal —como la que se activa en la no demasiado buena pero sugerente película *Stargate* (1994)— que permite ese rencuentro. En esta sociedad que vivimos, producto del fabuloso éxito de la Ilustración que pudo dar lugar a un monstruo tan eficaz como el Holocausto según expusieron en 1944 Adorno y Horkheimer en su *Dialéctica de la Ilustración,* somos seres amputados, con un miembro fantasma cuyo recuerdo podemos llegar a percibir. Y creo que hay dos puertas de acceso a ese rencuentro con el miembro amputado: la naturaleza y el arte. Por esto mismo es tan doloroso no saber *de verdad* por qué uno va —o debería de ir— a un museo, ni cómo hacer de ese momento un encuentro sublime, como está llamado a ser.

No sé si el lector tuvo ocasión de visitar la exposición «Pasiones mitológicas» celebrada en el museo del Prado entre marzo y julio de 2021. En la conferencia que ofrecí en Madrid en la Fundación Canis Majoris en el mes de junio de ese año, pedí al público que dejase todo lo que estaba haciendo, se levantara de las sillas (aunque yo me fuera a quedar sin nadie a quien dirigir el resto de mi conferencia) y fuera corriendo al Prado. Que se rindieran en el umbral de la entrada de la exposición y, sin leer ni un solo texto, ninguna cartela, sin ningún tipo de explicación, se dejasen conmover por el gozo de lo que colgaba en sus paredes. Que dejando de lado todo recurso intelectual, disfrutaran de la contemplación y el placer en estado puro. Se lo pedía al público que en esos momentos me escuchaba porque el ejercicio supone un atisbo del rencuentro sublime de esas dos partes cercenadas, deseo y conciencia, al que he aludido usando el mito del amor entre opuestos que narra Platón. Es volver a reunir la cabeza y cuerpo del jinete de *Sleepy Hollow*. Es rencontrarnos y regresar a la Unidad perdida. Porque si en *El banquete* Platón describe el amor como la unión de opuestos, en el *Timeo* nos encontramos con un decodificador aún más acertado para entender la Unidad perdida y lo que debería de ser la verdadera experiencia del Arte, con mayúsculas.

Antes de meterme de lleno en el hilo de las reflexiones que expondré a continuación, quiero hacer hincapié en lo mucho que le debo al profesor Jaime Buhigas y su fascinante curso sobre belleza y armonía que impartió en Madrid en 2019. También a *The sleepwalkers. A history of man's changing vision of the universe,* de Arthur Koestler (2014) y a *The Parthenon and liberal education* de G. Lehman y M. Weinman (2018). Muchas de las ideas que forman el sustento «pitagórico» de lo que sigue provienen de estos maestros.

Todos pensamos en Sócrates como el maestro de Platón, que sin duda lo era. Pero Platón fue ante todo un importante seguidor de Pitágoras, para quien las leyes matemáticas eran sagradas. No hay más que recordar la inscripción en el friso de la entrada de su Academia en Atenas, que decía: «No entre nadie que no conozca la geometría». El *Timeo* es prueba de ello. No solo es el diálogo más pitagórico de Platón, sino que es también la base de toda la filosofía estética clásica (y el libro con el que Rafael lo representa en su fresco de 1511 *La Escuela de Atenas,* en los Museos Vaticanos).

Pues bien, en el *Timeo* Platón relata la configuración o conformación —que no creación— del universo. Siguiendo planteamientos claramente pitagóricos, lo describe como resultado de un proceso a través del cual el demiurgo, actuando como geómetra, transforma el desorden primigenio en orden —pasando del caos al cosmos— en un proceso de fragmentación de la Unidad a través de números y formas geométricas siguiendo leyes numéricas que operan como un orden oculto de la naturaleza y que hacen del mundo algo Bello (y por lo tanto Bueno y por lo tanto Verdadero). Es importante recordar que, para los pitagóricos, los números no son cifras como en el cálculo, sino formas, disposiciones geométricas, con esencias poéticas. Los números encierran conceptos filosóficos trascendentes, ideas «platónicas» en sí: «Unidad» (en vez de 1), «Dualidad» (como confrontación entre opuestos), «Tríada» (en vez de 3), etcétera.

Para Pitágoras era posible conocer las leyes universales con las que el geómetra demiurgo ordenó originariamente el universo. Y esto es posible a través de la música, puesto que opera bajo la misma armonía numérica que sustenta el orden del universo: la llamada «proporción áurea», también conocida como el «número áureo» o Phi. Es esta la ley de diseño más económica y sencilla posible, que además aparece por todas partes en la naturaleza: la analogía, proporción o relación —*ratio* en latín, *logos* en griego— que existe entre tres elementos donde el pequeño y el mediano se relacionan de la misma manera que el mediano y el mayor, siendo —además— el mayor la suma de los otros dos que tienden o se acercan a la Unidad. Explicado de un modo más sencillo, la proporción áurea establece que lo pequeño es a lo grande como lo grande es al todo. Como recordó el profesor Buhigas en una de sus ponencias sobre el tema, el *Evangelio de san Juan* (1, 1) en el griego *koiné* original comienza con el famoso «En arkhé [o arjé] en ho logos….» (En el principio fue el logos). De haberse traducido al latín como *ratio* en vez de *verbum,* la historia del mundo habría sido seguramente muy diferente…

La proporción áurea, el número áureo o Phi —en honor al escultor griego Fidias—, es un número irracional (1,618033…) que se suele representar con la letra griega Phi (Φ) y es la analogía más sencilla que existe, la clave de todo lo que es armonioso. Fundamento de toda la estética clásica, está en todas partes: en la música, en la poesía, en la arquitectura y en el arte. También lo encontramos en la naturaleza, donde aparece recurrentemente en su versión logarítmica, asociada a las propiedades geométricas del rectángulo dorado siguiendo la secuencia infinita descubierta por el matemático del siglo XII Leonardo de Pisa *Fibonacci,* en la que la suma de dos números naturales consecutivos siempre da como resultado el siguiente, y si dividimos cada número entre su anterior el resultado es siempre Phi. Entre infinidad de ejemplos, lo encontramos (y no estoy bajo los efectos de ninguna sustancia psicodélica) en configuraciones biológicas como las ramas de los árboles, la disposición de las hojas en el tallo, el patrón que forman las semillas del girasol, el diseño de plantas y moluscos como el nautilo, en la espiral de constelaciones, galaxias y huracanes, la reproducción de los conejos, en cómo el ADN codifica el crecimiento de formas orgánicas complejas, los patrones morfogenéticos que sustentan la teoría biológica de Alan Turing recientemente confirmada, en el diseño de las tarjetas de crédito y en la base de los productos de Apple. Sobre todo —y esto es lo que me interesa resaltar en esta ocasión—, la proporción áurea es la base del diseño del cuerpo humano.

Sin duda alguna, el famoso *Hombre de Vitruvio* (1487-1490) de Leonardo da Vinci es la representación arquetípica del Renacimiento. Leonardo realizó el dibujo en uno de sus diarios como ilustración del famoso *Tratado de arquitectura* de Vitruvio, gran arquitecto y tratadista romano del siglo I a. C. cuyo texto —sin ilustrar— había sido «redescubierto» en 1414 por el humanista florentino, bibliófilo y gran perseguidor de manuscritos Poggio Bracciolini (cuyo igualmente formidable hallazgo del

*De rerum natura* de Lucrecio narra Stephen Greenblatt en su fantástico libro *El giro*). El dibujo de Leonardo se basa en las indicaciones que aparecen en el capítulo I del libro tercero del *Tratado,* dedicado a la arquitectura de los templos romanos, donde Vitruvio explica que todo templo debe tener las mismas proporciones que el cuerpo humano. Para ello, describe las proporciones ideales de la figura humana mostrando cómo el cuerpo «de un hombre bien formado» cumple extraordinarias propiedades geométricas.

Hay muchos Hombres de Vitruvio o *Estudio de las proporciones ideales del cuerpo humano,* como los de Francesco di Giorgio Martini y Giacomo Andrea, ambos de finales del siglo XV. Todos representan una figura masculina (hoy sería una mujer) desnuda con brazos extendidos y piernas separadas, en dos posiciones superpuestas: una de ellas inscrito dentro de un cuadrado y la otra dentro de una circunferencia. La idea básica es que, siguiendo un canon perfecto, la medida de los pies a la cabeza es la misma que existe entre las puntas de los dedos de una mano a otra. La gran diferencia entre el *Hombre de Vitruvio* de Leonardo y los demás es que, mientras en otras versiones tanto el centro del círculo como del cuadrado se encuentran en el ombligo, en su interpretación del texto original Leonardo desplaza el centro a los genitales, incorporando el uso de la proporción áurea al cálculo de su dibujo. El diario en el que aparece esta obra, y que según las notas en la misma página, con la escritura especular tan característica del artista, se refiere a ella como «Le proporzioni del corpo umano secondo

Vitruvio», pertenece a la estancia de Leonardo en la corte de los Sforza en Milán. Sabemos que allí coincidió con el matemático franciscano Luca Pacioli, que en 1498 concluyó un libro publicado en Venecia en 1509 sobre la proporción áurea titulado *De divina proportione*. ¿Y saben a quién le pidió que realizara las correspondientes ilustraciones? A nuestro querido amigo Leonardo, quien en el llamado Códice Windsor escribió lo siguiente al lado de otro dibujo anatómico: «Que no me lea quien no sea matemático, pues yo lo soy siempre en mis principios».

Con todo esto en mente, analicemos el dibujo de Leonardo con la ayuda de un compás áureo (que permite determinar, sin conocer sus dimensiones, si dos longitudes cumplen la razón áurea), interpretándolo bajo la lente típicamente críptica del Renacimiento. Como en época clásica, el círculo se seguía asociando con el sol, la luna, los astros; era metáfora de lo inmutable, la inmortalidad, lo perfecto, lo divino, la Unidad. En contraposición, el cuadrado —lo medible— refiere a lo material. Pues bien, siguiendo el número de oro, en el dibujo de Leonardo el ombligo es el centro del compás. El hombre es, por lo tanto, «cuadrado y círculo a la vez», siendo el cuadrado la versión material —conmensurable— del hombre, y el círculo la versión trascendente, divina. ¿Qué los une?, se preguntaba el profesor Buhigas: «Las leyes pitagóricas de la geometría sagrada» que, recordemos, es el arte de la relación entre las cosas y que nos dice que, siempre que hay dos opuestos, existe un tercer elemento que los relaciona. Para Pacioli y Leonardo «ese tercer elemento es la divina proporción, el numero Phi, que une la dualidad del ser humano, la parte mortal e inmortal», la parte humana con la divina.

La clave de la estética clásica era la proporción áurea y el paradigma de la geometría áurea es el ser humano. Nuestra morfología, en su versión canónica, es pues la proporción áurea. Y con esta proporción se realizaron los templos, las columnas, las pinturas, estatuas y música de toda la Antigüedad clásica y del Renacimiento.

Y aquí, *por fin,* llega lo interesante...

Quienes tenemos la clave de esa perfección estética somos, pues, los seres humanos. El hombre se reconoce en el universo porque participa de los mismos números que lo ordenan. Y es lo que nos permite reconocer lo sublime.

¿Por qué un sonido suena bien? ¿Cómo distinguimos el ruido de la música? ¿Cómo intuimos que una obra de arte (un poema, un edificio, una pintura, una escultura, una pieza de diseño, un plato de Ferran Adrià) es sublime? Porque el Gran Arte, con mayúsculas, es *proporcionado;* se puede medir según la teoría estética clásica, pitagórica y platónica. El Gran Arte imita al gran artista demiurgo. Participa de la geometría que forma el lenguaje del universo. Y el *Hombre de Vitruvio* nos dice: «Yo soy como el universo».

El universo está hecho con los mismos números que hay dentro de mí, el mismo lenguaje secreto de la naturaleza. Somos pues capaces de percibir el orden y la perfección porque la geometría *sagrada* que rige el orden en el universo, en la naturaleza, confirma aquello que está en nosotros mismo. Y el gran arte, el arte «Bello» (aunque nos parezca feo), es una vía para hallar ese orden universal, para trascender y fundirse con el universo; que volvamos a ser uno con el universo siguiendo la idea platónica de la Unidad. Dice el filósofo alemán Rüdiger Safranski (Rottweil, 1945) en *El mal o el drama de la libertad*: «La belleza es un fundamental carácter cosmológico [...]. La obra de arte no pesca en lo turbio, sino que atraviesa el hormigueo del mundo y deja que se haga transparente el orden fundamental allí subyacente». Eso era el arte para un griego, para un romano, para un florentino del siglo XVI. La escritora Anaïs Nin (1903-1977) es más clara: «No vemos las cosas como son, sino como somos». Y en una de sus cartas William Blake (1757-1827) acierta del todo: «Así como un hombre es, ve». A lo que uno puede añadir: «Así como uno un hombre ve, es». Y esto es lo que hemos perdido. Ver *más* y *mejor*.

Confío en que ahora la inscripción en el dintel de la Academia de Platón —«No entre nadie que no conozca la geometría»— cobre mayor sentido puesto que no se refiere únicamente a la geometría cuantitativa, sino al lenguaje del universo, del que formamos parte y cuyas leyes rigen nuestro diseño. También ahora el tan conocido aforismo griego «Conócete a ti mismo», inscrito en el templo de Apolo en Delfos y que Platón pone en boca de Sócrates en tantas ocasiones, asume —espero— mayor significado. Hoy que sabemos que somos, verdaderamente, «polvo de estrellas», como sentenció el visionario astrofísico Carl Sagan, que la radiación cósmica de fondo que dio espaldarazo a la teoría del Big Bang se puede dividir en armónicos esféricos que componen una «melodía del universo» y que las constantes que gobiernan el universo no son meros números al azar, parece que no andaban tan descaminados nuestros queridos pitagóricos. Efectivamente, como decía Sagan, «somos una forma en que el universo se conoce a sí mismo».

Pues sí. La victoria de la razón de la que somos tan magníficos herederos cercenó la comunión con aquello de divino que late en nosotros y andamos como cuerpos sin cabeza, como el jinete de *Sleepy Hollow*, buscando reunificarnos con la Unidad primigenia fragmentada por el demiurgo del *Timeo* y de la que partimos. El filósofo Giovanni Nucci cree que en este mundo hipertecnológico en el que vivimos, que además considera las religiones fundamentalmente inadecuadas, hemos perdido la relación con lo sagrado. Pero no su necesidad. De ahí su proyecto de reescribir los mitos griegos y romanos para hacerlos más accesibles. Porque, para Nucci, los mitos ponen en marcha mecanismos en nuestra relación con lo sagrado.

Aparte de volver a leer los mitos, siempre, de todas las culturas, de todas las épocas (y, si puede ser de la mano de Joseph Campbell, mejor), yo propongo acudir al arte para subsanar el dolor por la pérdida. Me gusta pensar —y creo— que el Gran Arte, el arte con mayúsculas, es una herramienta espiritual de primer orden y que un *templo* como el Prado es una puerta —de nuevo como en la película *Stargate*— o un portal que permite, aunque solo sea por un instante, ese rencuentro con lo divino, ese regreso a la Unidad que inconscientemente anhelamos.

Y para intentar sugerir de qué manera la exposición ante una obra maestra como las que atesora un museo como el Prado puede llegar a dinamizar el anhelado «rencuentro» con aquello de divino inherente en nosotros, nada más apropiado que recordar —nunca mejor dicho— la activación sensorial más famosa de la literatura: la teoría del tiempo que propone Marcel Proust (1871-1922) en los once tomos de *En búsqueda del tiempo perdido* siguiendo, a su vez, los postulados de un filósofo, y premio Nobel de Literatura, hoy tristemente muy olvidado, Henri Bergson (1859-1941). Con la extraordinaria descripción del efecto que produce en el narrador de *Por el camino de Swann,* primer tomo de la obra, el sabor de una magdalena recién hecha mojada en té, Proust defiende la idea de que somos, en términos absolutos, una memoria constante, una mente-memoria adormecida, que almacena experiencias del pasado y que, al contacto con un elemento —siempre sensorial—, abre la escotilla del dique del recuerdo, permitiendo que el pasado, como una avalancha, irrumpa y se adueñe del presente, como analizó la profesora María Dolores Ara en un curso dedicado al escritor. Es lo que le ocurre a su protagonista en el instante en que aquella magdalena desencadena el recuerdo de la que comió de niño en casa de su tía Leónie, dando rienda suelta al raudal de reminiscencias que conforman los siete tomos y más de tres mil páginas del viaje en el tiempo más famoso de la literatura.

En las antípodas de nuestra cultura occidental, el filósofo e historiador del arte japonés Kakuzo Okakura (1863-1913) recuerda en su bellísimo ensayo *El libro del té* el antiguo cuento taoísta del arpa amaestrada, que ilustra de manera muy hermosa el misterio que encarna el encuentro con el arte como la comunión de espíritus que se reconocen. El cuento narra la existencia de un gran y majestuoso árbol en un bosque de Lungmen, en la provincia de Henan, de cuya madera un poderoso hechicero hizo una maravillosa arpa que llegó más tarde a atesorar el emperador de China. El emperador pedía escuchar música de tan extraordinario instrumento, pero nadie lograba sacarle una melodía. En respuesta a los más esforzados intentos, del arpa solo salían ásperos y desdeñosos acordes, discordantes con las canciones que los músicos intentaban cantar. El arpa se negaba a aceptar un dueño. Hasta que un día llegó Peiwoh, príncipe de los arpistas, que, con ternura, acarició el arpa «como se intenta calmar un caballo inquieto» y cantó a la naturaleza, a las estaciones, a las altas cumbres y a las aguas del río…, y entonces «¡se despertaron todos los recuerdos del árbol!». Al tocar el arpa con sus dedos, «la brisa primaveral empezó a jugar entre las ramas». Extasiado, el emperador preguntó a Peiwoh por el secreto de su victoria. «Señor —respondió el arpista—, los demás músicos han fracasado porque solo cantaban desde sí mismos. Yo dejé que el arpa escogiera sus temas y no sabía realmente si el arpa era Peiwoh o Peiwoh era el arpa». Al contacto mágico de la belleza se despiertan las cuerdas secretas de nuestro ser y vibramos y nos estremecemos en respuesta a su llamada. El artista arranca notas que desconocemos y vuelven a nosotros con otro significado recuerdos por mucho tiempo olvidados. El espíritu habla al espíritu. Vínculos de camaradería.

Hablando de un arte tan diferente al nuestro como es el de Japón, Okakura, pionero en la difusión del conocimiento del arte japonés en el mundo anglosajón desde su cargo como conservador del Departamento de arte japonés y chino del Museum of Fine Arts de Boston (1906-1913) dice así: «Nuestra mente es el lienzo en el que los artistas pintan y la obra de arte está en nosotros lo mismo que nosotros estamos en la obra maestra». Para el autor, uno debe acercarse a un gran pintor «como os acercaríais a un gran príncipe», con humildad, y esperar conteniendo el aliento a la mínima manifestación que puede llegar a producir la concesión recíproca de una comunión de almas que se rencuentran. Cuando nos negamos a otorgar al Gran Arte este simple gesto de cortesía, solemos perdernos el espléndido festín de belleza desplegado ante nuestros ojos, impidiendo que una obra se desborde y nos invada. «En el momento del encuentro, el amante del arte se trasciende a sí mismo. Al mismo tiempo es y no es. Capta un vislumbre del infinito», continúa Okakura. Pero las palabras no pueden expresar su dicha porque «el ojo carece de lengua». Y concluye: «Así es como el arte se asemeja a la religión y ennoblece a la humanidad. Esto hace que una obra de arte sea algo sagrado».

La veneración del mundo japonés por el arte es tal que muchas de las obras clásicas de su literatura tienen como trama la pérdida y recuperación de una pieza de singular importancia. Una de ellas cuenta que, estando un samurái a cargo de proteger el palacio de su señor en el que colgaba una apreciadísima pintura, el edificio se incendia por un descuido suyo. Resuelto a rescatar la obra a toda costa, el samurái se lanza dentro del edificio en llamas y consigue descolgar la pieza, pero se encuentra rodeado por el fuego y sin salida. Pensando únicamente en salvar la pintura, envuelve la obra con una manga, se abre el cuerpo con la espada y la introduce en su enorme herida abierta. Una vez logran apagar el fuego, entre las cenizas humeantes encuentran un cadáver medio consumido por las llamas, dentro del cual se halla intacta la pintura.

La unión o comunión de espíritus que ofrece el encuentro con el arte puede llegar a ser un acto sagrado. Aunque es imposible querer evocarlo, mucho menos provocarlo, como indica el propio Proust en alusión al detonante de la epifanía que él mismo relata, el Gran Arte, al igual que una magdalena, puede ser la mecha de un recuerdo primigenio que irrumpe e invade el presente. En este caso se trata de un fenómeno memorístico producido no por el sentido del olor, el tacto, la visión o el oído, sino por el fugaz reconocimiento de un mismo lenguaje sagrado olvidado, adormecido. *Memoria teje y desteje los ecos,* dice un verso de Octavio Paz. Ser y arte en ese instante se reencuentran y se reconocen, entran en comunión.

Y el instante en sí se convierte en acto sublime. Regresar a la Unidad dolorosamente perdida. Gozo en estado puro.

Si bien no podemos provocarlo, podemos por lo menos ponernos en situación de predisposición. Ante todo, tener paciencia. Para que el arte se manifieste y aflore ese encuentro de comunión... o vía de trascendencia, para lo cual nada más insuperable que un lienzo de Rothko, un portal en sí.

Pero para que un instante sublime ocurra en la sala de un museo, cuando se está rodeado de personas, hay que estar atento. Muy atento.

Es por esto por lo que es una pena que, entre tanto texto, cartela, pantalla y herramientas de interpretación didáctica, se pierda la oportunidad de permitir el gozo de lo sublime. Es por esto por lo que en mi conferencia en Madrid animaba al público a dejarlo todo e ir cuanto antes a ver la exposición «Pasiones mitológicas» en el museo del Prado, donde la huella de lo que hemos perdido quedaba particularmente patente. Y los conminaba a ir con asiduidad al Prado, como terapia espiritual. Como lo hubiera hecho un griego, un romano o un florentino culto del siglo XVI. Porque, tirando del hilo de Pitágoras, para quien su filosofía del orden se podía aplicar a todo —incluso a la gobernanza—, y pasando por la filosofía de la estética de Platón, para quien el arte posee fuerza moral y, por lo tanto, lo que es Bello es siempre Bueno y Verdadero (en la misma tradición, Hegel dirá que el arte es bueno porque lleva a término el prodigio de lograr que la belleza aparezca como verdadera y la verdad como bella), un hombre estético es un hombre ético; y, por consiguiente, es un hombre cívico en el sentido más puro de la Ilustración.

Por todo lo que le vengo contando, me duele tanto ver los museos clásicos sometidos no solo al imperio de la interpretación didáctica, sino —además— plegándose a las exigencias y manipulación de los discursos imperantes.

Vivimos en un mundo donde la batalla por el relato está a la orden del día. Más que nunca. La historia es una sucesión de relatos ganados frente a otros, perdidos. Pero ahora existe una interesante diferencia. Se han intercambiado los papeles y, en esta ocasión, existe una batalla por el relato que está claramente dominada por quienes nunca, hasta ahora, habían tenido jamás posibilidad alguna de ganar —piel (no blanca) y sexo (no masculino)—; ellos, tras siglos de invisibilidad, están haciendo un uso más eficaz aún de las mismas herramientas con las que fueron silenciados. Como todo fanatismo religioso que busca la pureza ideológica, esta nueva inquisición laica proclama una nueva justicia social basada en definir al ser humano por su color de piel y sexualidad a la hora de determinar quién es inocente y quién es culpable, como expone Douglas Murray en *The madness of crowds*. Nada de esto es, sin embargo, nuevo. Como plantea el profesor José Luis Villacañas, ya durante la Revolución francesa la aspiración del movimiento a la restauración moral del ser humano llevó el fervor revolucionario a asumir «un papel secularizado del juicio final que otorgaba al hombre la capacidad de discernir quién era culpable o inocente».

Aparte de la pérdida de la hegemonía de España, la Paz de Westfalia de 1648 acabó con un siglo de cruentas guerras civiles en las que Europa, diezmada, vio su población reducida un 60 por ciento. Asentado el llamado «tiempo de la Reforma», donde comienza a aplicarse el principio *Cuius regio, eius religio,* por el cual el pueblo poseía la confesión religiosa de su príncipe —pudiendo, si no, emigrar—, el Viejo Continente se abrió al «mundo moderno» con una renovada confianza en sí mismo y una concepción del progreso que el filósofo Francis Bacon (1561-1626) explicaba cómo «la forma en que hemos superado los errores de los antiguos nos da confianza para superar los nuevos errores». El ser humano podía, pues, plantearse expectativas reales —y no utópicas— de progreso; es decir, un horizonte concreto y preciso al que dirigirse, apoyado en el uso de su juicio crítico. Asimismo, la paz trajo consigo la adopción por parte de los Estados europeos de una nueva confesionalidad que definía los límites de rey (vigilancia del orden) y de la Iglesia (disciplina social) como poderes independientes, cuya cooperación garantizaba un nuevo marco de libre circulación de ciudadanos y que se traducía en la expansión de la actividad económica tras décadas de estancamiento. Así, en el mundo parecía operar una estructura de orden y la idea de que el progreso también tenía una base material, a partir de todo lo cual las expectativas del ser humano podían apoyarse y desde ese punto aspirar a más. Por fin, el camino del progreso de la humanidad hacia la perfección parecía bien trazado.

Sin embargo, cien años después, Versalles escandaliza. Unido al gravísimo problema que tiene la monarquía francesa para pagar la deuda pública, la ostentosa inmoralidad de la corte parisina escenifica la corrupción moral a la que ha sucumbido la humanidad. En un mundo ya permeado por el valor que el protestantismo concede a evitar —ante todo— el escándalo para poder vivir en comunidad, el escándalo moral se convierte y se concibe como un verdadero «pecado del espíritu». Hace falta con urgencia una regeneración completa del ser humano. La respuesta, dice Villacañas, será la Revolución francesa, como acontecimiento necesario para la restauración moral de la humanidad, permitiendo imaginar un futuro ya sí, «perfecto».

En este sentido, la Revolución equivale a una secularización del juicio final que otorga, no a Dios o a un mesías, sino a los propios seres humanos la capacidad no solo de conocer e identificar la conciencia del ser humano, sino también de juzgarla discerniendo quién está moralmente a favor o en contra del escándalo moral, dictaminando quién es corrupto y quién no. Quien esté en contra es enemigo. Quien no se posicione o se muestre escandalizado es tan corrupto e inmoral como el que escandaliza. Y quien dirime tan trascendente juicio es la propia nación, como Iglesia salvadora.

Todo ello desemboca en que quien tiene la capacidad de juzgar la conciencia del ser humano y dictaminar quién es o no corrupto también tiene la capacidad punitiva de eliminar a este. De ahí la intensificación de la violencia revolucionaria y que el movimiento «acabe necesitando del Terror», según Villacañas, «esa suerte de Inquisición, para mantener la salud pública, que no es otra cosa que la secularización de la idea de salvación», siguiendo el famoso discurso de tintes apocalípticos que Maximilien Robespierre (1758-1794) ofreció ante la Asamblea General en 1793 como legislador moral.

Aquel 10 de mayo de 1793, claramente inspirado en la filosofía política de Rousseau (quien, por cierto, fue tan importante para el movimiento revolucionario que en 1794 sus restos fueron trasladados al Panteón), Robespierre reconoce la grandiosa obra de regeneración moral de la humanidad que él y sus compatriotas han iniciado con la Revolución. Sin embargo, no es suficiente y anuncia que, llegados a este punto, el deber que tienen es acelerar aún más el proceso dirigiendo todos los esfuerzos hacia la imperiosa adopción de un nuevo «contrato social» que permita la correcta convivencia de todos en comunidad. Pero, puesto que seres corruptos son incapaces de instaurar tal contrato, Robespierre aboga por que un legislador aporte la doctrina moral capaz de transformar la conciencia de los ciudadanos que les permita luego constituirse como pueblo y poder así adoptar un contrato social. Robespierre quiere ser ese legislador que, mediante la división de la población entre morales e inmorales, está en condiciones de dejar como únicos supervivientes a aquellos en condiciones de aceptar un nuevo contrato social. El esquema es claramente apocalíptico y Robespierre se erige en salvador de la humanidad.

Si «progreso» en la Edad Moderna se había entendido como un proceso secularizador que aspiraba a controlar la realidad material, la Revolución francesa rompe esa tendencia transformando el acontecimiento en una nueva religión. Se eleva a acontecimiento escatológico donde está en juego la salvación última de la humanidad, el mismo ímpetu que décadas después sustentará a la Liga Comunista cuando en 1847 pida a Marx y Engels redacten su credo *(Manifiesto del Partido Comunista)*.

En este sentido la Revolución francesa supuso el regreso de una fanatización religiosa que se creía perdida y que desde entonces persiste. Pensadores como Edmund Burke (1729-1797) y Joseph de Maistre (1753-1821), que la vivieron de primera mano, la defendieron como un movimiento que fue sin duda un acontecimiento políticamente mundano, pero que estaba atravesado por esquemas religiosos, aunque los actores que participaron en ella no lo supieran…

No hemos salido de ahí.

El fundamento último de todo fenómeno fanático es el mismo: estar en condiciones de identificar el fondo moral de los seres humanos y tener la competencia para juzgarlos. De ahí que, si uno tiene esta competencia para señalar que un ser humano es intrínsecamente —moralmente— perverso, puede en primer lugar censurarlo, después atacarlo y, por último, eliminarlo. Inmoral y, de ahí, inhumano. El principio de fanatización está, pues, íntimamente relacionado con la capacidad de atribuirnos el poder considerar a alguien «peor». Son estos los elementos fundamentales de todo espíritu religioso. La única —e importante— diferencia con la religión es que son competencias que siempre han correspondido exclusivamente a la divinidad. Desde 1789 los seres humanos, legitimados como dioses, tenemos «licencia de caza». La Revolución francesa, el nazismo, el estalinismo, la Revolución Cultural china, todos ellos se han atribuido la capacidad de juzgar la actitud de los seres humanos frente al régimen: si nuestra actitud muestra que somos o no fieles, benevolentes o colaboradores con el régimen o movimiento. Y quien decide es el Otro. No participar o mostrar desafecto conduce a la eliminación. Esto es el Terror.

Mientras que durante la época del Terror el señalamiento llevaba a la eliminación física de todo aquel considerado traidor a las directrices morales del Comité de Salvación Pública, hoy en día el asunto se lleva a cabo de manera más sutil y el juicio y señalamiento no llevan a la ejecución física, sino al riesgo reputacional y la cancelación de un individuo. La fanatización ideológica existe. Hoy en día el Terror existe. Que se lo pregunten si no a Aaron Kindsvatter y a Peter Boghossian.

A lo largo de 2021, Argemino Barro, periodista español afincado en los Estados Unidos que escribe para diversos medios de nuestro país (magnífico su ensayo *El candidato y la furia* para entender la figura de Donald Trump), firmó en *El Confidencial* una serie de cinco artículos bajo el título de «Doctrina *woke*» en los que explicaba las claves de la crisis que atraviesan muchas universidades de élite americanas, hoy en día convertidas en burbujas de la izquierda identitaria con inquietantes rasgos de regímenes fundamentalistas. Barro ponía como ejemplos de víctimas de la llamada «política de cancelación» los casos de Aaron Kindsvatter, profesor de Pedagogía en la Universidad de Vermont, y de Peter Boghossian, profesor de Filosofía en Portland State University, quienes iniciaron su camino en la enseñanza universitaria creyendo que esta debía estimular la libertad de hablar con sinceridad —la parresia griega—, así como promover el pensamiento crítico de sus estudiantes. Sin embargo, años de presiones, incidentes, escraches, sabotajes, pintadas, campañas de difamación, escupitajos, amenazas e incluso expedientes disciplinarios llevaron su señalamiento a límites de asfixia académica insoportables, a una posterior ejecución pública (sin guillotina) y finalmente a su dimisión como docentes en sus respectivas universidades. Una cancelación en toda regla.

Como les ocurrió a muchos otros colegas (que no se atrevieron a denunciar) tanto en el caso de Kindsvatter como en el de Boghossian, progresistas clásicos y ateos, la razón que llevó a su enjuiciamiento y cancelación fue no haber aceptado someterse al asalto ideológico y adoctrinamiento de la enseñanza que les exigían los «comités de diversidad, equidad e inclusión» constituidos —como en tantos otros campus americanos— en las universidades donde impartían clase. Con base intelectual en las nuevas teorías de crítica racial de autores superventas como Robin DiAngelo e Ibram X. Kendi, que defienden que el racismo blanco sigue determinando todas las interacciones humanas («No existe una persona blanca que no sea racista», según DiAngelo, ella misma blanca), sus ideas infiltrado las universidades más prestigiosas de los Estados Unidos. Primero llegaron a los departamentos de los estudios de Humanidades, de ahí a los alumnos y, posteriormente, a las administraciones que dependen del pago de las matrículas desorbitantes (hasta 75.000 dólares por curso) de sus cada vez más exigentes jóvenes «clientes», a quienes les conviene mantener contentos (esa Generación Z, nacida después de 1995 que, según Lukianoff y Haidt en *La transformación de la mente moderna*, ha pasado de la crianza paranoica de sus padres a la burbuja protectora de la universidad).

Argemino Barro añade que, en cuanto a lo nuclear de su teoría, DiAngelo y Kendi defienden que el racismo es una fuerza «sutil y penetrante», tan interiorizada que continúa estando «imbricada en las instituciones y en las costumbres» de su país, y que la única manera de reducirla es «entrenando nuestros sentidos», aprendiendo a localizarlo, cuestionarlo y combatirlo. En su visión binaria del mundo, la posición de neutralidad en la lucha contra el racismo es imposible —«una máscara más del racismo», según Kendi— y la única opción moralmente válida es aprender a estar permanentemente *woke* —despiertos, en alerta, concienciados— ante las terribles «microagresiones» que permean todos los ámbitos de la sociedad, desde la palabra hasta el comportamiento. El término viene del artículo «If you're woke you dig it», escrito por el autor afroamericano William Melvin Kelley en 1962 para *The New York Times* y en el que hablaba de la apropiación que habían hecho los miembros blancos de la Generación Beat del *slang* negro.

DiAngelo y Kendi no habían inventado nada nuevo. La teoría crítica racial llevaba tres décadas desarrollándose y su semilla se puede encontrar en pensadores posmodernistas franceses como Jacques Derrida, Jean-François Lyotard y Michel Foucault, quienes, tras la devastación moral de las guerras mundiales y el desmoronamiento de todo su mundo de certezas (marxismo, tecnología, emancipación del Tercer Mundo), cuestionaron las raíces de la Edad Moderna (de ahí, «posmodernos») empezando por afirmar que no existe una única Verdad en sentido fuerte —de ahí las derivas trivializadas que se han hecho de sus filosofías con aquello de que todo es, por lo tanto, relativo— y optando por la deconstrucción de toda esa realidad: lenguaje, historia, literatura, instituciones. Esta fase altamente deconstructiva del posmodernismo se apagó en los años 80, pero algunas de sus ideas sobrevivieron y se mezclaron con las teorías de la escuela crítica neomarxista, de donde sacaron mayor concreción y finalidad política. Fueron luego ganando fuerza y espacio en diversas disciplinas académicas relacionadas con el género, la raza y la descolonización. Lo que hicieron DiAngelo y Kendi con su *wokeism,* nos dice Barro, es darles a estas teorías una dimensión práctica, «un manual de acción aplicable a todos los aspectos de la existencia».

A primera vista, la doctrina *woke,* de la que se apropió el movimiento Black Lives Matter en las protestas que siguieron al horrible asesinato de George Floyd en 2020, impregnado de violencia policial y racismo, parecía una continuación de la histórica lucha por los derechos civiles y la consecución de una sociedad más justa y equilibrada, una herida («pecado original», en palabras del escritor Dennis Lehane) de la que continuaba supurando el sentimiento de culpa que poblaba a la sociedad americana. Es por ello por lo que, en un principio, el *wokeism* obtuvo un apoyo masivo y transversal de gran parte de la sociedad estadounidense.

Sin embargo, con el tiempo, se fue radicalizando. Lo que en un principio era una eficaz lucha por volver a colocar el problema en el punto de mira y obligar a representantes públicos y a la sociedad a encararlo sin paños calientes, en poco tiempo se convirtió en un culto a la indignación y a la diferencia, una «racialización» de todo, de manera que en nada se parecía al activismo tradicional, sino que más bien era «su perfecto reverso». El movimiento considera que todos los males sociales provienen de la cultura de la raza blanca *(whiteness)* que trajo el colonialismo, la esclavitud, el capitalismo y el racismo. No estar marchando día y noche contra el «genocidio negro», no posicionarse públicamente contra ello, convertía a todo blanco en criminal y ser acusado de pertenecer o mantener el «supremacismo blanco». La indignación por la muerte de Floyd, unido a los efectos psicológicos del confinamiento, hizo que los Estados Unidos entraran en un estado de histeria, dice Barro. El aire «se volvió opresivo [...], las conversaciones adquirieron una carga racial». Todo el *establishment* (político, corporativo, deportivo, del entretenimiento) hincaba la rodilla frente al movimiento que, en poco tiempo, empezó a asumir conciencia de otras cuestiones de desigualdad social, particularmente en relación con el género y la identidad sexual, logrando penetrar con ello en la cultura interna de todos los estamentos. El fenómeno se nutrió de las redes sociales, que se pusieron en modo *vigilanti* publicando a diario acusaciones, despidos, disculpas públicas, confesiones (seguramente algunas siguiendo el modelo contra Galileo o el de los represaliados del estalinismo) y se atomizó. Un buen *hashtag* en el momento adecuado podía organizar una protesta en cuestión de horas. Ya ni siquiera hacía falta líderes, puesto que los protagonistas podían ser las víctimas de cualquier acto de agresión narrado en tiempo real. El *wokeism* se había convertido en una temible fuerza política que «tiene a medio país caminando sobre ascuas, pues no hay empresa o reputación que resista una campaña suya de acoso y derribo», escribe Barro.

Las ideas de DiAngelo y Kendi habían dado el salto de los departamentos universitarios al mundo real desarrollando un *modus operandi* basado en conceptos como el rechazo a la verdad objetiva, rendir obediencia a la experiencia vivida por encima de todo (el testimonio de la víctima es siempre sagrado e incuestionable), la defensa de que la identidad racial, sexual o de género define la existencia de un individuo y una jerarquización de la opresión, de tal manera que una mujer negra lesbiana estaría más oprimida que una mujer negra heterosexual, a su vez más oprimida que una mujer blanca, a su vez más oprimida que un hombre. Por último, que la opresión está en todas partes como constructo de verdad para la defensa de un poder —a lo Foucault—, en este caso los valores del hombre blanco heterosexual occidental, que además hace uso del lenguaje como herramienta de violencia precisamente para mantener su dominio.

En el proceso de «expiación» al que estaban siendo sometidos los estamentos de la sociedad estadounidense, la situación empezó a rebasar el terreno de la política y a entrar de lleno en el del fervor religioso. El particular cariz religioso que, poco a poco, había ido asumiendo el movimiento se podía distinguir en el uso de un lenguaje cada vez más escolástico en sus comunicaciones, la santificación del agravio y del victimismo, la ritualización de los «comités de equidad» que surgieron por todas partes, desde centros universitarios a la celebración de los Oscar, y la violencia con la que se ejercía la caza de brujas para quien no reconociera o aceptara las exigencias del movimiento o se mantuviera neutral. Pronto saltaron las alarmas, incluso entre aquella izquierda que había apoyado, con entusiasmo, el movimiento en sus inicios.

Esto se debía a que, mientras los movimientos tradicionales actuaban dentro de la democracia liberal buscando extender los derechos y libertades a quienes no los habían logrado aún por completo, el *wokeism* radical considera que la democracia liberal «está podrida de raíz». No le interesa —ni quiere— mejorar o ampliar sus valores, sino más bien destruirlos y construir otros nuevos. Su objetivo es desmontar todo, atacando los pilares de la cultura occidental, para crear nuevos conocimientos que condicionen la interpretación del mundo. Y nada mejor y más eficaz para ello que promover la guerra cultural en colegios e institutos, donde el control ideológico puede ser particularmente efectivo iniciando a los más pequeños en el activismo político («madrasas de la izquierda identitaria», en palabras de Barro) con el fin de convertirlos en lobistas de todas las causas, desde identidad (género, orientación sexual) hasta colonialismo.

El problema del *wokeism* es que es un movimiento contraintuitivo. Por un lado, vuelve a levantar barreras derribadas por el activismo tradicional que se consideraban ya superadas, como, por ejemplo, dar mayor importancia a la pigmentación de la piel que al trabajo o al carácter, como hizo la poeta Amanda Gorman (que nos enamoró recitando uno de sus textos durante la investidura presidencial de Joe Biden en 2021) exigiendo que su obra solo fuera traducida por mujeres, además jóvenes, además activistas, y a ser posible negras. Otro ejemplo de lo que John McWhorter, profesor de Lingüística en la Universidad de Columbia —y afroamericano— denomina «neorracismo» es separar a alumnos por afinidades raciales en colegios e institutos, a fin de crear «espacios seguros» donde puedan afirmar su identidad y construir comunidad. Otro problema es el de las contradicciones en las que se adentra; por ejemplo, considera el testimonio personal algo sagrado al mismo tiempo que encasilla a las personas en categorías raciales rígidas que no permiten permeabilidad. Es un movimiento que hace uso de los mismos estereotipos preconcebidos que decía querer superar.

Es tal el nivel de lo absurdo que algunos abanderados del movimiento *woke* han llegado a decir que las matemáticas, la meritocracia y la puntualidad son constructos racistas. Barro cree que es posible que la causa de estos y otros muchos dislates en su argumentario pueda deberse al origen del movimiento como «monocultivos universitarios», a su vez fundamentados en las muy complejas reflexiones de pensadores posmodernistas franceses de los 60. Para probar este punto, tres investigadores —el propio Peter Boghossian, el matemático James Lindsay y la escritora Helen Pluckrose— idearon un ingenioso experimento que posteriormente publicaron en *The New Statesman:* a lo largo de un año presentaron a prestigiosas revistas de la teoría crítica anglosajona una serie de trabajos académicos absolutamente delirantes y absurdos, pero bien envueltos en las más genuinas obsesiones identitarias, haciendo uso del neolenguaje propio del *wokeism* y tratando temas predilectos como la blancura y el patriarcado. El título de uno de ellos no tiene desperdicio: «Entrando por la puerta de atrás. Retando la homohisteria, la transhisteria y la transfobia del hombre hetero a través del uso receptivo de juguetes sexuales penetrantes». Y está escrito en parte con pasajes de *Mein Kampf* en lenguaje feminista. Dejo a la imaginación del lector el contenido de tan surrealista «investigación» y para más información sobre el experimento sugiero la lectura del artículo citado. Solo les diré que casi todos los trabajos presentados —este entre ellos— fueron aceptados, revisados, aprobados ¡y publicados!

Aunque son muchas las voces que llevan tiempo denunciando la muy preocupante situación en los Estados Unidos, donde se ha podido comprobar que el miedo produce fenómenos como el de Donald Trump, once años después de sus inicios frente al racismo el movimiento *woke* ha desbordado su ámbito inicial de actuación para dar cobijo a la defensa de políticas identitarias de las personas LGBT, las minorías y las mujeres, brotando de manera independiente por el mundo occidental, sembrando la polarización de la que se nutren y sustentados en una ortodoxia donde el margen de debate es cada vez más estrecho. Se ha convertido en un fenómeno de fanatismo que alega que toda violencia, toda agresión, cualquier desigualdad, están motivadas por el racismo o por el patriarcado. Las líneas rojas son cada vez más numerosas y gruesas. De lado quedan requisitos esenciales de todo debate democrático, como son la duda razonable y la libertad de expresión. Con ello se impide el análisis de los problemas, la valoración de todos los puntos de vista. Las soluciones serán por defecto imperfectas, deficientes. Lo que surgió envuelto en la decencia de las cruzadas por la igualdad ha terminado reproduciendo una visión del mundo «tribal, estrecha e invulnerable a cualquier otro punto de vista». Concluye

Argemino Barro uno de sus artículos: «La censura ya no consiste (o no solo) en un señor casposo revisando libros prohibidos en un despacho del Ministerio X. La censura también proviene de la presión social y de las supersticiones de grupo, disfrazadas de las causas más nobles».

Hoy el movimiento *woke* empieza a mostrar signos de cansancio. Incluso voces de la izquierda han comenzado a denunciar sus desmanes, también en ciertas grandes empresas se ha diluido el miedo a apoyar en ciertas circunstancias a quienes son señalados. Un cambio que además viene motivado por miedo a que la derecha extrema se apropie del movimiento para imponer un fenómeno represivo contrario y sus agendas igualmente politizadas.

El museo, como institución significante dentro de las estructuras de poder según las teorías de Michel Foucault, no puede no verse sometido a las nuevas narrativas identitarias dominantes. Es imposible. No solo porque el público —ya manipulado— lo exige, sino porque el museo, asiento de autoridad, es una institución microfísica del poder *demasiado golosa* para no hacer el más eficaz uso de él. En una entrevista en *El País,* Laurence des Cars, directora del Louvre decía que «el museo es la caja de resonancia de la sociedad». Demasiadas personas sucumben al relato que propone el museo a diario para no hacer de él el mejor de los altavoces. El problema es cuando el dogmatismo de las nuevas políticas ideológicas impone al museo plegarse al servicio de su agenda doctrinaria.

En octubre de 2020, con enorme esfuerzo, la primera exposición que organizó el museo del Prado para su reapertura tras la pandemia fue una digna exposición titulada «Invitadas. Fragmentos sobre mujeres, ideología y artes plásticas en España (1833-1931)». Su objetivo era reivindicar el papel de la mujer y exponer la hostilidad, el desprecio y el olvido con la que fue tratada por el sistema del arte español en los siglos XIX y XX. La exposición explicaba el papel de las mujeres artistas entre los reinados de Isabel II y su nieto Alfonso XIII, y reunía un buen número de obras —muchas pertenecientes al propio museo del Prado— firmadas por artistas mujeres; algunas deliciosas, otras mediocres. Pocas, la verdad, merecedoras de colgar en las paredes de la colección permanente (unas paredes, dicho sea de paso, donde *a priori* es difícil aguantar el tipo). Salvo un artículo en *El País,* la nueva crítica *macartista* —al acecho de todo aquel que transgrede la nueva *doxa*— fue feroz por considerar que había sido una oportunidad feminista totalmente desaprovechada.

Por su parte, el museo Thyssen de Madrid celebró en 2023 la reunión de un arsenal verdaderamente magnífico de obras en «Maestras», exposición que aspiraba a mostrar la contribución de las mujeres a la historia del arte desde el siglo XVII al XX. La calidad del centenar de piezas convocadas era verdaderamente admirable, y la visita a la muestra, una delicia para la vista.

Citando al director artístico del museo, un titular en *El País* exclamaba «El Thyssen culmina su "transformación feminista"» y, efectivamente, Guillermo Solana explicaba que la muestra era un «recorrido feminista» que remataba la evolución que la institución había comenzado diez años atrás con «Heroínas», proyecto que también corrió a cargo de la teórica feminista Rocío de la Villa como comisaria. El objetivo de la muestra —que, según De la Villa en entrevista publicada por *El Mundo,* no era «nada sectaria»— consistía en abandonar los prejuicios, ampliar la mirada y cambiar el canon: «Esta es una exposición feminista que supone un correctivo sin paliativos a los prejuicios derivados del patriarcado [...] que, por el miedo hacia sus colegas femeninas, por los celos [...], por considerarlas inferiores [...], había enviado estas piezas a los almacenes [...], un borrado sistemático». Y, ciertamente, la exposición reunía todos los —pocos— grandes nombres de artistas mujeres de la historia. Estaban todas las que son y son todas las que estaban: Lavinia Fontana, Artemisia Gentileschi, Clara Peeters, Louise-Élisabeth Vigée-Le Brun, Angelica Kauffmann, Mary Cassatt, Berthe Morisot, Maruja Mallo, María Blanchard, Frida Kahlo, entre otras. Alfredo Merino, quien firmaba la entrevista, hablaba de «el relato que nos robaron» y denunciaba «la historia mal contada», así como «la supervivencia en un mundo hostil». Unido a la causa, concluía: «Los prejuicios patriarcales impidieron la emancipación y empoderamiento de las mujeres artistas».

A lo largo de sus ocho salas, «Maestras» daba protagonismo a las llamadas pioneras («No hay que conformarse con ocupar el 20 por ciento de la programación expositiva de un museo», dice De la Villa) abordando temas *femeninos* —ya muy manidos—, como los asuntos bíblicos, el bodegón, los cuidados y la maternidad, hilvanados por una idea de la «sororidad» que inspiraba toda la muestra. Ana Marcos celebró poder distinguir la mirada «femenina» en las obras congregadas. Así, a las pintoras de bodegones («porque el bodegón era su lugar natural») les reconoce una «mirada ecológica», cree que las artistas muestran complicidad con sus retratadas, y lo mismo ocurre con las salas dedicadas a temas como la maternidad. «Son mujeres vistas por mujeres, y mujeres que se saben miradas por mujeres», continúa Marcos, y concluye diciendo que la muestra es una «demostración de fuerza contra el borrado de las artistas».

Menos mal que en *El País* también escribió Ángela Molina, cuya crítica de la misma exposición en Babelia llevaba por título «"Maestras" en el Thyssen, una historia oportunista del arte hecho por mujeres» y abordaba el asunto desde otra perspectiva, poniendo además en valor el estado de la cuestión. Para Molina el proyecto no era más que un claro ejemplo del «pánico cultural» y de la urgencia de sus programadores por no estar a la altura de las transformaciones sociales que exigen rescatar y dar espacio a quienes nunca fueron vistos. Consideraba todo el proyecto un buen ejemplo de *purplewashing* (lavado de imagen del feminismo), donde lo importante era cubrir el expediente del canon insertando el mundo femenino en el programa del museo. El concepto de sororidad al que aludía todo el proyecto se sustentaba en ideas que

Molina calificaba de «manifiesta arrogancia cultural», como identificar a estas artistas con una particular noción de feminidad que, según el catálogo, defiende «una plasmación concreta en la representación propia de las mujeres», iconografías «dispares de las de sus compañeros» y unas «ideas *en femenino* protagonizadas por dos o más mujeres cómplices». «"Maestras"», continuaba Molina, proponía y defendía que «existe un tipo de grandeza diferente a la de los hombres, una historia de las ideas o estilo femenino». Una interpretación basada en una «repelente» hermandad femenina (en la misma línea que los ofensivos privilegios de la llamada «discriminación positiva»), muy lejos de un punto de vista verdaderamente feminista. La ironía, terminaba Molina, es que la muestra «se acabe enmarcando en la visión esencialista que aspiraba a criticar y a ser posible destruir».

Con razón, Molina traía a colación el texto fundacional de la teoría artística femenina, el ensayo *¿Por qué no ha habido grandes mujeres artistas?*, de Linda Nochlin, publicado, con enorme éxito, en 1971. En él la autora argumenta de manera convincente que la falta de grandes mujeres artistas en la historia se debe a factores socioculturales, siendo el mayor condicionante la imposibilidad de acceder al estudio del modelo desnudo (masculino o femenino), parte fundamental de la formación artística que exigían tanto el gremio como luego la Academia a todo aprendiz de pintor o escultor. Aquellas pocas excepciones que sí lograron convertirse en artistas fueron casi todas ellas hijas o hermanas de artistas, que debieron de contar con la complicidad de un padre o familiar varón que les permitía acceso al desnudo a escondidas.

Yo me imagino a una joven sentada, con un cuadernillo y lápiz en la mano, mirando a través de un agujero en la pared mientras que, al otro lado, un grupo de chicos, cada uno frente a un atril, siguen una clase de dibujo rodeando a una joven desnuda, de pie, sobre una caja de madera. En su revolucionario ensayo, Nochlin también cuestiona la existencia de una mirada propia del género femenino y afirma que las obras de mujeres no comparten ninguna característica visual especial debido a su autoría femenina.

Molina recuerda —a modo de contraposición— la exposición «Women artists 1550-1950», «muy cercana en contenido, pero no en enfoque». Comisariada por la propia Nochlin junto a Ann Sutherland Harris en el Los Angeles County Museum of Art en 1976, e hito fundamental en los estudios de la historia del arte, en ella se presentaron por primera vez las contribuciones de grandes artistas *that happen to be women, not because they are women* (que da la casualidad que son mujeres, no porque lo sean), como decía la propia Nochlin en sus conferencias sobre *Her*story (no es una errata), para las que, por cierto, pedía como requisito del curso que sus alumnos leyeran *Una habitación propia* de Virginia Woolf.

Pues bien, en cuanto al interés de museos clásicos como el Prado y el Thyssen en programar exposiciones dedicadas a mujeres artistas, se agradece mucho el esfuerzo; pero *no si se lleva a cabo como un ejercicio de purplewashing*. El concepto, al que he hecho una breve alusión más arriba, viene del inglés *purple* ('morado'), color asociado históricamente con el feminismo, y de *whitewash* ('blanquear'), y alude a toda estrategia política o de *marketing* dirigida a la promoción de instituciones, personas, productos o empresas apelando a su compromiso con la igualdad de género. Denuncia la impostura detrás del uso sectario del feminismo con fines de lavado de imagen y señala el componente paradójicamente sexista que tienen muchas de estas acciones al aplicarse únicamente a mujeres. A los hechos me remito: que, en 2023, cincuenta años después de la legendaria exposición de «Women artists 1550-1950», cuando museos como el Prado o el Thyssen quieren poner en valor el arte de mujeres artistas, lo tengan que hacer exponiéndolas junto a otras mujeres como un gineceo para darles relevancia, desmerece la valía de todas y cada una de ellas. Que además las reúnan bajo el cobijo de «temas femeninos» ya muy trillados, como la maternidad, el cuidado o la sororidad, lo único que hace es ofrecer «da representación de una mujer que parecía que teníamos ya superada […], como si la mujer no pudiera desprenderse de estas costuras», escribe con razón Paula Corroto en *El Confidencial.*

La historia del arte tiene creadoras de primerísimo orden, como son, sin duda alguna, muchos de los nombres reunidos en las dos exposiciones arriba mencionadas y que demuestran la extraordinaria calidad de la producción de mujeres artistas cuando tenían acceso a un buen aprendizaje y el respaldo de un mecenazgo que reconocía su valía. Sin embargo, es cierto que, una vez muertas, muchas pasaron a ser olvidadas (¡ojo!, que no borradas), sin nadie que respondiera por ellas, en un mundo ciertamente patriarcal donde, como bien sabemos, la historia ha sido escrita por hombres y para hombres. Por eso es de vital importancia que instituciones museísticas de primer orden, autoridades, vuelvan a despertar esas brillantes trayectorias.

En 2016 el museo del Prado ofreció una magnífica exposición monográfica a Clara Peeters, la primera muestra que el museo dedicaba a una mujer pintora. El logro de reunir casi la mitad de su escasa producción supuso su reconocimiento como «uno» de los mejores pintores de naturalezas muertas de toda la pintura flamenca del siglo XVII. Quedaba demostrado que, como artista, Peeters era tan capaz como el mejor de sus contemporáneos. Tres años más tarde, en 2019, en el marco de la celebración de su bicentenario, el Prado presentó «Sofonisba Anguissola y Lavinia Fontana. Historia de dos pintoras», una muestra que recorría la trayectoria artística de estas dos artistas que alcanzaron enorme reconocimiento y notoriedad en la segunda mitad del siglo XVI. Más recientemente, lo que supongo queda en el recuerdo de todo visitante a la nueva Galería de las Colecciones Reales en Madrid, es la imponente escultura, restaurada para la ocasión, de *El arcángel san Miguel venciendo al demonio* (1692), de Luisa Roldán «la Roldana», hija de artista, como lo fueron también Clara Peeters, Artemisia Gentileschi y Lavinia Fontana. Yo no quiero que se busque a más mujeres artistas debajo de las piedras.

Quiero que me expliquen *por qué había tan pocas* y lo que esto me dice sobre la condición de la mujer a lo largo de la historia.

Porque el diagnóstico es mucho más relevante e informativo sobre la historia de la mujer en general —y la de las mujeres artistas en particular— que forzar un relato que se sostiene con pinzas. Por esto, querido lector, le animo a que, aparte del imprescindible libro de Virginia Woolf mencionado arriba, lea el provocativo y tan influyente ensayo de Nochlin, cuyo 50.º aniversario fue celebrado en 2021 por la editorial Thames & Hudson con la 50.ª reedición del texto, coincidiendo con la publicación por parte de Phaidon Press de un tomo enciclopédico (500 páginas, A-Z) en la línea de su icónico *The art book*(1994), acertadamente titulado *Great ~~Women~~ Artists* (el tachado no es una errata), dedicado a cuatrocientos artistas de cincuenta nacionalidades y abarcando 500 años de historia del arte (desde 1490 a 1990). Y ya que le tengo atento, aprovecho para recomendarle la lectura de *Una vindicación de los derechos de la mujer* escrito por Mary Wollstonecraft en 1792 y que de paso busque una imagen del cartel que en 1989 realizaron las Guerrilla Girls, titulado *Do women have to be naked to get into the Met Museum?;* este colectivo artístico se inscribe en el movimiento feminista clásico —la llamada Segunda Ola», que busca la igualdad entre hombres y mujeres, y en la que yo, reconozco, me quedé felizmente estancada frente a las nuevas corrientes, más ideológicas—. Coloqué su icónica y eficaz obra enmarcada en mi despacho del museo del Prado durante los casi quince años que tuve el privilegio de trabajar para esta maravillosa institución. La veía a diario (al igual que todo aquel que entraba en mi despacho) y automáticamente recordaba el eslogan de un mítico anuncio de la marca de cigarrillos Virginia Slims de los años 70 que decía: «You´ve come a long way, baby». Y yo misma me respondía: «Yes, we have».

Quisiera abrir un paréntesis. Según la revista *Fortune,* en verano de 2023 el impacto de tres mujeres de la industria del entretenimiento salvó a la economía estadounidense de una posible recesión durante el periodo estival. Las giras de Taylor Swift y Beyoncé, junto con la recaudación de *Barbie* de Greta Gerwig, supusieron un incremento de 8,5 billones de dólares en el crecimiento de ese país en el tercer cuatrimestre.

Taylor es un caso particularmente singular. Aparte de que en algunos de sus conciertos (el de Seattle concretamente) los niveles de animación por parte del público eran de tal magnitud que los indicadores sísmicos de la zona lo registraron como terremoto, la Reserva Federal ha tenido que incluir en su último informe el impacto cuantificable de sus conciertos en la economía local allí donde ha actuado. Con motivo de haber sido elegida Persona del Año por la revista *TIME,* comentaba lo siguiente acerca de este impacto «femenino»: «Si es verdad, como se nos ha dicho siempre, que —contrariamente a los hombres— las mujeres gravitamos hacia temas femeninos (más frívolos) como la niñez, los sentimientos, el amor, el desamor y su análisis, la brillantina y las lentejuelas, y si además coincidimos en reconocer que lo que ha existido siempre es la sociedad patriarcal cuyo combustible es el dinero, flujo de ingresos, la economía, viendo el panorama de la manera más cínica posible, se podría decir que si las ideas femeninas van a ser más lucrativas, como está quedando demostrado, eso se traducirá en que se hará más arte femenino. ¡Es muy alentador!».

Sea como fuere, el caso es que voces hasta ahora ciertamente invisibilizadas como la del nuevo feminismo, Black Lives Matter, un sinfín de minorías y aquellos que revisitan el pasado colonialista están aprovechando la crisis de ansiedad y culpabilidad que atemoriza al *establishment* de todas las instituciones de Occidente y exigen llevar a cabo una revisión de la historia a la que los museos y el canon de la historia del arte también han sucumbido.

En el mes de septiembre de 2023 se inauguró la 35.ª edición de la Bienal de Sao Paulo, principal cita del arte contemporáneo en el hemisferio sur, dirigida por Manuel Borja-Villel —exdirector del Museo Nacional Centro de Arte Reina Sofía (MNCARS)—, junto a tres comisarios «afrodescendientes», como señalaron los medios. Con una presencia récord de artistas del sur global, el principal reclamo de la exposición era que respondía al ataque de «los nuevos fascismos» y que además lo hacía con un 80 por ciento de los artistas convocados no blancos. En la línea del discurso que defendía cuando era director del MNCARS, un Borja-Villel justiciero habló abiertamente en los medios de «guerra cultural» y resaltó en un artículo de Álex Vicente en *El País* lo más significativo del proyecto: un recorrido que funcionaba como «una historia alternativa o contranarrativa del arte de los siglos XX y XXI», basada en la relectura de archivos y atendiendo a la sabiduría de las tradiciones menospreciadas, invalidando las «jerarquías impuestas por el capitalismo y colonialismo» y abandonando discursos de modelo hegemónico impuestos por relatos universales, entre ellos el «poder pernicioso del imperialismo cultural estadounidense». Una ardua labor de «desaprender», puntualizaba Borja-Villel.

Otro ejemplo de *paniqueo* es la de la National Portrait Gallery de Londres, que reabrió recientemente corrigiendo «desequilibrios» existentes al añadir y exponer más obras de mujeres y de otros colectivos poco o nada representadas hasta ahora, con el fin de amoldarse a las exigencias de las nuevas políticas de identidad. Los museos americanos ya lo están haciendo y tenemos al Prado —me atrevo a decir que quizás presionado— buscando mujeres artistas debajo de las piedras. Esto lo único que hace es tergiversar la historia porque, nos guste o no, mujeres artistas en la historia del arte se cuentan con los dedos de la mano. Y pintores negros o trans, ya no les quiero ni contar.

Es fundamental que todas las voces sean escuchadas y que la invisibilidad en la historia sea reconocida y explicada como tal, pero no que se reescriba la historia como hacen proyectos como «Invitadas», «Maestras» y la última Bienal. La historia puede, y se debe, explicar *mejor* gracias, precisamente, a la lupa con la que estas voces obligan a confrontarnos, incluyendo su diagnóstico como parte de la narrativa. Pero no cambiarla mediante una contranarrativa con un contenido forzado. Yo defiendo contrastar la historia con la riqueza actual para así exponer todo lo que pudo ser y no fue debido a la mutilación por la falta de oportunidad, la colonización o el racismo. Hay una gran diferencia entre esto y reivindicar algo «que no pudo ser» a base de querer obviar o directamente aniquilar lo que sí fue.

Como decía más arriba antes de este último extravío, el museo es una institución de autoridad —y, por lo tanto, de poder— demasiado atractiva para no verse sometida a injerencias. Demasiadas personas sucumben al relato que propone el museo a diario para no hacer de él el mejor de los altavoces.

De hecho, el año 2023 terminó con un récord de visitantes a los museos españoles, reflejo del extraordinario auge que están viviendo, por encima de otras opciones culturales, para muchos ciudadanos, incluidos los jóvenes. Las colas que antes solo se veían el sábado y domingo ahora forman el paisaje de muchos museos a diario. El museo del Prado recibió el número de visitantes más alto de su historia (800.000 más que hace una década) y el museo Sorolla vendió un 40 por ciento más de entradas que en 2022. Otros museos del territorio español, tanto los dieciséis estatales como instituciones privadas, han participado de un éxito histórico similar. Cabe destacar únicamente el caso del MNCARS, que ha visto una caída en números que en los medios se atribuye al cierre temporal del Palacio de Cristal del Retiro por reforma (es posible que la nueva dirección haya modificado la manera de contar sus visitantes y que las actuales cifras se acerquen más a la realidad).

En cualquier caso, merece celebrarse, y mucho, que el arte mantenga su prestigio frente a otras múltiples ofertas de ocio y que los museos españoles consoliden su atracción. Sin duda, esto se debe a que han sabido actualizarse con una programación atractiva que, además, desde la covid-19 no ha dependido tanto de las superproducciones, sino de la puesta en valor de sus propias colecciones.

Particularmente relevantes son dos datos estadísticos que ofrece el museo del Prado. Por un lado, su público se ha rejuvenecido significativamente, con el 35 por ciento de los asistentes entre los 18 y 34 años, gracias, sin duda, al enorme éxito del Prado en redes sociales, que ha sabido renovar su forma de comunicarse para atraer a un visitante *a priori* complicado de seducir con una colección de maestros antiguos como reclamo. Por otra parte, recibe casi la misma cantidad de visitantes nacionales (49 por ciento) que extranjeros (51 por ciento). Aparte de celebrar estos resultados, esto demuestra que la institución está presente en la vida del visitante local, que es al que hay que cuidar más para que vuelva al año siguiente.

Más importante aún es que estas magníficas cifras reafirman la condición de los museos como vehículos de instrumentalización política o ideológica altamente aprovechables y, por lo tanto, muy deseables.

Como analiza Sergio C. Fanjul en un artículo muy informativo recientemente publicado en *El País,* existen dos modelos principales de política cultural:

el francés, en la estela de Malraux, en el cual un Estado con una Administración centralizada interviene en la promoción de la cultura para garantizar el acceso de todos a ella, y el modelo anglosajón, más liberal, que delega la difusión y financiación de la cultura a la iniciativa privada y al mercado, minimizando la intervención del Estado y fomentando el mecenazgo, así como la dimensión productiva de la industria cultural. A pesar de la alternancia bipartidista en el poder y las diferencias ideológicas de sus gobiernos, continúa Fanjul, la realidad hasta ahora es que la política cultural española ha seguido una línea relativamente continuista (políticas de descentralización aun manejando las líneas maestras de la política cultural, inversión en infraestructuras culturales, gestión de importantes centros), con diferencias de matiz.

La cultura es un derecho de todo ciudadano y tiene ante todo una dimensión de progreso social, analiza Fanjul. Es un vehículo de crítica y transformación, catalizador de participación y creación de comunidad. Sin embargo, es interesante constatar cómo los extremos (tanto de derecha como de izquierda) instrumentalizan la cultura con fines políticos y proclaman cada uno que la utilizan como antídoto contra «el otro». De hecho, ambas posiciones defienden el mismo fin («contra la censura») utilizando el mismo lenguaje, la llamada «guerra cultural» un «arma de *distracción* masiva», según John Irving en la entrevista de Iker Seisdedos en *El País,* y a la que por cierto —nos recuerda Mar Padilla— ya aludió Adolf Hitler poco después de convertirse en canciller de Alemania en una cita en Stuttgart en 1933: «Es un error pensar que la revolución nacional es solo política y económica. Es sobre todo cultural».

Como a veces hay que volar, me permito en este punto otro breve extravío que espero cobre el mismo sentido para el lector que lo tuvo para mí cuando hilé conceptos, creo que no tan dispares, escuchando una conferencia del profesor Salvio Turró sobre el filósofo alemán Johann Gottlieb Fichte (1762-1814) y su «Dialéctica de sistemas» (*Introducciones a la doctrina de la ciencia,* 1794). Lo único que he hecho es sustituir los términos «idealista» y «dogmático» de su conferencia por otro binomio de opuestos, «derecha extrema» e «izquierda extrema»:

Es interesante constatar que, si cada uno de estos dos extremos es verdaderamente consecuente, sin errores en sus deducciones y argumentaciones, propiamente uno no podrá refutar al otro, pues al tener puntos de partida diferentes, los mismos términos significan cosas distintas en cada uno de ellos. Esto es, uno intentará explicar todo desde una posición más a la derecha, mientras que el otro tratará de hacerlo desde una posición más a la izquierda, y de ahí que los términos signifiquen cosas distintas en cada sistema, siendo irrefutables entre sí. De este modo, si los argumentadores de los diferentes extremos no se percatan de que designan cosas distintas con las mismas palabras, la suya se convierte en una guerra de sordos, que es lo que ocurre. Estrictamente pues, desde un razonamiento filosófico, la posición de la derecha extrema no puede refutar a la izquierda extrema, ni viceversa:

> Ninguno de estos dos sistemas puede desvirtuar directamente al sistema opuesto, pues la polémica que tienen entablada se refiere al primer principio, que no puede ya deducirse de otro; solo con que se admita su respectivo principio, cada uno de ambos sistemas rechaza ya el del otro. Cada uno niega todo al sistema opuesto, y no tienen ningún punto común a partir del cual puedan ponerse de acuerdo y coincidir. Aun cuando parezcan concordar en lo que se refiere a las palabras de una proposición, lo cierto es que cada uno de ellos las toma en un sentido diferente.

Continúa Fichte elaborando su teoría sobre la «Dialéctica de sistemas».

> Por el hecho de que, dado lo que hemos visto hasta ahora, los dos sistemas parecen ser de igual valor desde el punto de vista especulativo, y no pueden coexistir, aun cuando por otra parte ninguno de ambos puede hacer nada contra el otro, se plantea como cuestión interesante la de qué es lo que puede por ventura mover a quien se da cuenta de esto —y en verdad que es harto fácil el darse cuenta de ello— a preferir un sistema al otro, y de cómo es posible que no se produzca un escepticismo general como renuncia total a dar una respuesta al problema planteado.

La respuesta de Fichte consiste en que cada hombre elige el sistema que corresponde a su forma particular de desear. De ahí la famosa frase fichteana, con la que responde a la cuestión:

> El tipo de filosofía que uno escoge depende, pues, de la clase de persona que es; pues un sistema filosófico no es un utensilio muerto que pueda dejarse o tomarse según se nos antoje, sino que se halla animado por el alma de la persona que lo tiene.

Si nos fijamos en lo dicho, la opción entre uno y otro extremo depende únicamente de una opción interna del individuo, lo cual no sirve para dirimir cuál es la opción verdadera y cuál la falsa. Ambas lo son, y no. Es el problema de los extremos. Fin del extravío.

Ejemplo de la deriva a la que se puede llevar el ámbito de la cultura en esta batalla dialéctica fue uno de los primeros actos a los que acudió como ministro del ramo Ernest Urtasun (Barcelona, 1982). Se trataba de la presentación en el museo del Prado del proyecto «Prado extendido», heredero del «Prado disperso» puesto en marcha en época de Miguel Zugaza, que busca reforzar la conexión territorial y dar mayor visibilidad a las más de 3400 obras del museo depositadas en un total de 207 instituciones de toda la geografía nacional. Pues bien, si desde el propio museo se hacía hincapié en los criterios tanto científicos y técnicos como de conocimiento, investigación, formación y difusión que sustentan el proyecto, el nuevo ministro no dejó pasar la oportunidad de reinterpretar una iniciativa de acercar más el Museo Nacional del Prado a distintos puntos de España en un proyecto de «descentralización» política que «reafirma la igualdad de las personas», siguiendo reflexiones como las de Borja-Villel en un encuentro de 2022 organizado en Madrid por Evercom, para quien «un museo patrimonial es una cosa burguesa que no tiene por qué existir [...], la visión provinciana de un lugar pequeño que se cree universal». En cualquier caso, lo que para el Prado era deseo de hacer de la institución un museo «verdaderamente nacional», como dijo su director Miguel Falomir en la presentación, acercando sus tesoros al mayor número de personas y ampliando de esta manera el impacto de su legado cultural, para el ministro fue ocasión para hacer de ello política ideológica.

Es hacer de la cultura (¡ojo!, no de la obra de arte en sí) un vehículo de activismo político. Y con esto no quiero decir que desde otras posiciones políticas no se haga lo mismo, que también.

Pero es ante este uso del museo contra lo que todos deberíamos alzar la voz.

El arte tiene que poder provocar, ofender, sorprender, cabrear, excitar, herir, dinamizar, enfermar, conmover. El arte debe de poder ser «político» y que se exponga incluso en un museo público como el Prado. Pero otra cosa es que la cultura se politice.

Son cosas *muy* diferentes.

¿Es esto defender ideas conservadoras? El profesor Álvaro Delgado-Gal (Madrid, 1954) analiza el concepto en profundidad en *Los conservadores y la revolución*. Para empezar, «conservador» es un término «confuso» que no debe confundirse con «reaccionario». El primero está abierto al cambio, no lo niega, mientras que el reaccionario tiende a un radicalismo revolucionario «contra la historia», la destrucción absoluta del presente (¿le suena?). Según Delgado-Gal, el término *conservador* aparece por primera vez, con su sentido político, en un texto de Madame de Staël, quien, al final del Directorio, buscando una fórmula que por un lado frenase los excesos jacobinos y que por otra parte impidiera la reversión de Francia hacia la monarquía absoluta, propuso la creación de un «cuerpo conservador, formado por notables cuyos cargos sean vitalicios». Será Napoleón (no un conservador, sino un «oportunista») quien se valdrá de la idea para crear un *Sénat conservateur*, en el sentido de garante de la Constitución.

El conservadurismo es un fenómeno moderno y tiene como padre intelectual al irlandés Edmund Burke, citado anteriormente, quien, alarmado por los acontecimientos de 1789, escribe al año siguiente un panfleto titulado *Reflexiones sobre la revolución en Francia* reivindicando el viejo orden sobre las bases de un nuevo pensamiento y poniendo el foco en cuestiones que siguen siendo particularmente pertinentes en la actualidad. Para empezar, el hecho de que el conservador es, por definición, posterior al progresista, siguiendo la concepción de Burke que lo define como reacción, en este caso a la Revolución. En segundo lugar, e importante para lo que aquí se defiende, Burke cree que con el progresismo se produce una depreciación del pasado. Muy consciente del ritmo acelerado que cobraba la modernidad, fue precisamente por ello que Burke planteó como necesaria la presencia de tradiciones que compensaran y estabilizaran dicha velocidad. Si tenemos expectativas sin considerar las tradiciones del pasado, se cae en el ritmo acelerado propio de las revoluciones, que llevan al desorden. Como ejemplo de ello, el libro de Delgado-Gal hace alusión a lo que ocurrió durante la propia Revolución con la creación del nuevo calendario republicano francés (en el que los meses se renombraron en consonancia con las estaciones) y los debates acerca de cómo pautar el pasado. El asunto lo zanjó el poeta Fabre d'Églantine (1750-1794), que participaba en su elaboración, excluyendo «los años en que los reyes nos oprimían» y eliminando así de un zarpazo una parte del pasado (estoy deseando volver a interpelarlo pero mi editora no me deja...).

En cuanto a la propuesta sociopolítica de Burke, este defiende una sociedad articulada en torno a la confianza y el respeto como dimensiones políticas fundamentales. Una sociedad civil no segmentada, con normas basadas en el sentido común y fuertemente apoyada en la comunicación, así como en las garantías del trato claro y sincero, con el fin de asegurar a los individuos que la conforman el respeto del prójimo para así poder entregarse al mejor argumento. Una comunidad propulsora de una aristocracia natural en función de la calidad humana del individuo y donde las virtudes generan, a su vez, mejores élites. Con un Gobierno dedicado a poner en marcha dispositivos de solución y que busca evitar la generación de problemas o dilatar aquellos que se le presentan.

Burke está considerado el padre del liberalismo conservador británico, al que él bautizó como *old whigs* (viejos liberales) frente a los *new whigs* (nuevos liberales), de posiciones progresistas, que habían apoyado la Revolución francesa. Como analiza Delgado-Gal, su conservadurismo ha tenido un largo recorrido y hoy está más de actualidad que nunca. Nuevamente nos encontramos con una situación del pasado que no dista mucho de lo que vivimos ahora. Gran parte del mundo contemporáneo «es o quiere ser hijo de la Revolución», dice el autor. Y, aunque sin la liturgia de momentos culminantes como las Revoluciones —con erre mayúscula— de 1789, 1848, 1871, 1917, vivimos tiempos ciertamente revolucionarios. Pues bien, al igual que Burke en 1790, ante la aceleración de nuestro mundo, yo también propongo no dejar de volver la vista atrás. No hacerlo, como temía Burke, puede llevar al desorden.

Pero hay maneras y maneras de volver la vista atrás. ¿Es posible entender ciertas medidas políticas como causantes de desorden? Tomemos por ejemplo la idea reciente del ministro de Cultura de descolonizar los museos nacionales que dependen del Gobierno. Una idea que nada tiene de nueva, puesto que el resto del mundo ya lleva tiempo en esta discusión y que en nuestro país la «descolonización» ya está en marcha desde la época del anterior titular en instituciones —como el museo de Antropología y el museo de América, a los que por sus colecciones concierne mucho el tema—. Otros museos como el MNCARS llevan tiempo con ello muy presente.

La noticia generó un encendido debate y la pregunta «¿Cómo se descoloniza un museo?» llenó cientos de páginas en los medios. La historiadora Izaskun Álvarez Cuartero analizaba el tema en *El País* y respondía que descolonizar un museo supone explicarlo más y mejor, acondicionando su reorganización a la realidad actual, diversa y multiétnica de la sociedad, huyendo de la «momificación» de algunos museos y transformándolos en lugares más acompasados con el presente. Adoptar la «ética cultural» como bandera. Sin entrar en los detalles de lo que puede suponer la articulación de todo esto en la práctica, lo más interesante es valorar la iniciativa desde el objetivo de quienes la defienden, puesto que reincide en lo expuesto anteriormente: hacer uso del patrimonio cultural como arma ideológica. Tanto el plan para revisar el «marco colonial» de las instituciones museísticas, como la noticia de la creación de una Dirección General de Derechos Culturales para luchar contra la «censura» anunciada por el ministro el mismo día, confirman el interés político por someter la cultura a una ideología de Estado.

Al Gobierno no le corresponde ser juez de la cultura. Su papel debe ser garantizar la libertad de expresión, con todas sus consecuencias. E igualmente denunciables son las políticas que al respecto promueven de uno y otro lado de la cuerda de partidos.

En cuanto a la descolonización, el interés revisionista —otro de los pilares de la doctrina *woke*—conecta con las corrientes indigenistas y etnicistas que han ido ganando terreno en la izquierda más extrema de todo el mundo. El caso de nuestro país no es comparable al de otras potencias europeas. España no fue una potencia expoliadora. La colonización del Imperio español, como la de cualquier otro, fue sin duda una historia impregnada de crueldad, atrocidades, masacres, explotación, intolerancia, racismo y usurpación que merece ser revisitada, porque cuestionar nuestro pasado es necesario, útil y estimulante. Pero «la redefinición del discurso no puede ser inquisitiva contra lo otro. El problema es que restituir se convierta en otra modalidad porque incluso la oscuridad merece estar a la vista», dice el poeta y periodista Antonio Lucas en *El Mundo*. Ni la leyenda negra es tan negra, ni la blanca tan blanca.

Quien no ha ignorado esta realidad es el museo del Prado, que lleva realizando un muy meritorio esfuerzo en esta línea desde hace ya casi quince años con proyectos expositivos singulares. En 2010 celebró la exposición «Pintura de los reinos. Identidades compartidas en el mundo hispánico», comisariada por el hispanista Jonathan Brown, que permitió al público un mejor conocimiento de la pintura novohispana y del virreinato del Perú en los siglos XVI y XVII. Cinco años después, en 2015, el Prado trajo a Madrid como «Obra invitada» una de las joyas del arte barroco más importantes de Hispanoamérica, *La custodia de la iglesia de san Ignacio de Bogotá, «La lechuga»*, realizada en Nueva Granada por el orfebre José Galaz alrededor de 1700. Y en 2019 la «Obra invitada» fue una de las piezas más importantes de la pintura virreinal del Perú, el anónimo cuzqueño *Matrimonios de Martín de Loyola* con *Beatriz Ñusta y de Juan de Borja con Lorenza Ñusta de Loyola,* procedente del museo Pedro de Osma en Lima. Otra pieza capital del arte virreinal, el *Biombo de la Conquista de México y La muy noble y leal ciudad de México,* fue la «Obra invitada» de 2021 y, finalmente, en 2022 tuvo lugar la magna exposición «Tornaviaje. Arte iberoamericano en España». Con la reunión de más de cien piezas creadas en Perú, Colombia y México por artistas indígenas o mestizos, la muestra contaba una realidad poco conocida: que tras la conquista de América y hasta la independencia de sus países, llegaron a España más objetos artísticos de procedencia americana que flamenca o italiana. Con ello quedaba de manifiesto que el tráfico de obras de arte entre ambos lados del Atlántico no fue solo unidireccional, de España a América, como solía señalarse. Con proyectos como estos, el Prado lleva tiempo ofreciendo una visión más rica y compleja de la monarquía hispánica.

En comparación con museos de otros países europeos, antiguas potencias coloniales expoliadoras, en España son muy pocos los casos de piezas en litigio y casi todos ellos con títulos de compraventa o donación legítimos. Efectivamente, en muchos países de nuestro entorno, así como en los Estados Unidos, la situación es bien diferente. Desde hace tiempo el público ya no acepta que los museos se mantengan neutrales frente a una herida como el colonialismo.

No cabe duda de que el examen crítico del espinosísimo tema de la herencia colonial va a afectar a muchas colecciones con pasado. Ante la amenaza de ver sus instituciones vaciadas de obras de procedencia irregular, la reacción de directores a ambos lados del Atlántico no se hizo esperar. Como se puede comprobar en un artículo elaborado por *El País* en enero de 2024 («Los museos de Europa y Estados Unidos afrontan su pasado colonial») que resume el estado de la cuestión en los países más afectados, allí abundan piezas extraídas de los territorios saqueados y muchos museos se encuentran inmersos en el centro de un debate producto de la revisión colonial que afecta a la restitución de obras expoliadas.

En 2017 el Gobierno francés puso en marcha un ambicioso plan para restituir las 88.000 piezas del patrimonio africano en instituciones públicas francesas. Aunque ha habido devoluciones a Benín y Senegal, el proceso es complejo y lento, ya que es difícil establecer cuáles salieron de África ilegítimamente. Los museos con más obra, Quai-Branly-Jacques Chirac de París a la cabeza, trabajan en la identificación de piezas susceptibles de una reclamación. Un polémico informe de 2018 proponía restituir todas las demandas africanas de objetos robados en contexto bélico, obtenidos en misiones científicas o entregados a los museos de Francia por las administraciones coloniales, y que, además, Francia aceptase toda devolución si no podía demostrar que la obra no fue robada o expoliada. Otro informe de 2023, del exdirector del Louvre Jean-Luc Martinez, proponía exigir la demostración del carácter ilegal o ilegítimo de una adquisición. En el Parlamento está pendiente de debate y voto una futura ley para regular las restituciones.

En Reino Unido se debate la causa de restitución más conocida, los mármoles del Partenón. El British Museum ha reconocido el problema, optando por un diálogo crítico, abierto y explicativo sobre aquellas piezas de procedencia dudosamente lícita en sus salas. De hecho, tiene en plantilla a una persona responsable de analizar la colección y estudiar los orígenes de todos aquellos objetos polémicos, reclamados por otros países o vinculados a prácticas como la esclavitud. Además del explosivo caso de los mármoles del Partenón que reclama Grecia, cuenta con importantes piezas de origen egipcio. La actual dirección ha intentado llegar a una solución que permitiera el viaje de las piezas a Grecia como préstamo, intercambio o exposición conjunta, pero esto sería admitir la adquisición ilegal de demasiados objetos en museos de Reino Unido y esto todavía choca con demasiados obstáculos, algunos políticos como la «guerra cultural» que enfrenta al partido conservador con lo que considera un revisionismo victimista del Imperio por parte de la izquierda. A esto se une una opinión muy generalizada en el ámbito museístico, según la cual el British Museum es una institución que forma parte del patrimonio cultural de la humanidad cuya misión es preservar una narrativa global y que, por lo tanto, las piezas del Partenón están en el mejor lugar posible.

Como apunté al inicio de este ensayo, yo misma participo de esta opinión, pero, en cambio, defiendo la posibilidad de una solución imaginativa con Grecia en la que ambos países compartan el disfrute de este patrimonio. Mientras tanto, el British Museum y el Victoria & Albert Museum han accedido a prestar por un periodo de tres años un conjunto importante de objetos del pueblo ashanti saqueados como botín de guerra por las tropas imperiales en el siglo XIX, y otras campañas como Rhodes Must Fall han perseguido la retirada de la estatua del empresario minero fundador de Rodesia de la entrada del Oriel College en Oxford. En una acertada decisión, las autoridades universitarias se negaron a retirar la estatua, pero accedieron a colocar una placa al pie que explica las luces y sombras del señor Rhodes.

En 2020 el Consejo Cultural de los Países Bajos, órgano asesor del Gobierno, reconoció la injusticia cometida por el colonialismo neerlandés desde finales del siglo XVI al XX y desde entonces contempla la devolución de unas 450.000 piezas. La gran expansión de Países Bajos se apoyó en una intensa actividad económica (las Compañías de las Indias Orientales y Occidentales) que incluía tráfico de esclavos. El Ejecutivo pidió perdón por el pasado esclavista colonial y se están revisando las colecciones reales. A la hora de proceder a una restitución, los objetos deben ser solicitados por los países de origen y un Comité para las Colecciones Coloniales, organismo independiente, analiza cada caso. El sistema permite que las dos partes negocien mantener las piezas en Países Bajos si se considera adecuado para su conservación y exposición. En 2023 un total de 478 objetos fueron devueltos a Indonesia y a Sri Lanka. Con el fin de fomentar el debate social, en 2022 abrió al público el Wereldmuseum o Museo del Mundo en Róterdam con una exposición permanente de 400 años de colonialismo.

Bélgica lleva décadas en el diván, en un duro ejercicio de descolonización y reflexión sobre cómo explicar su brutal pasado colonial en la actual República Democrática del Congo. En 2013 el Museo Real de África Central en Bruselas, máximo símbolo del pasado colonial belga, cerró sus puertas para reabrir cinco años más tarde como espacio para explicar de manera más crítica el papel de Bélgica como potencia colonial. En 2020 las protestas del movimiento Black Lives Matter llegaron a este país, donde se produjeron acciones contra símbolos coloniales, especialmente las estatuas del rey Leopoldo II. En 2022 el Parlamento belga aprobó una ley para protocolizar el proceso de restitución y devolución de piezas a la República Democrática del Congo, Ruanda y Burundi.

Un hito histórico en el proceso de descolonización de los museos occidentales ha sido la devolución a Nigeria por parte de Alemania de un millar de piezas de los célebres bronces de Benín. A partir de ahora se exhibirán reproducciones de los originales. Las autoridades analizan cómo devolver objetos de arte expoliado a Camerún, Namibia, Tanzania y al pueblo sami. Berlín está dispuesto a devolver todo el arte expoliado en sus colecciones a sus legítimos propietarios, además de explicar a los visitantes cómo llegaron hasta allí. En el Foro Humboldt de Berlín, sede del museo etnográfico, todas las salas explican la forma en la que cada pieza fue adquirida. En aquellos casos en los que no se ha podido determinar la procedencia, se muestra una copia de la pieza o se deja la vitrina vacía. El mismo protocolo se ha empezado a llevar a cabo en museos de todo el país.

El ministro de Cultura de Portugal anunció en 2022 la elaboración de un inventario del patrimonio procedente de las colonias lusas en Asia y África para determinar cuáles son las piezas obtenidas en un contexto de violencia, saqueo o robo. Pero ha sido en 2023 cuando se dio un paso significativo en la descolonización de su patrimonio histórico y cultural: la Universidad de Coimbra abogó por devolver a Timor Oriental los 29 cráneos de habitantes decapitados por guerreros timorenses al servicio de Portugal a finales del siglo XIX. De momento, sin embargo, no se ha producido ninguna devolución.

Por último, está el caso de los museos y colecciones estadounidenses. Allí, forzados por la Justicia, que rastrea y decomisa obras de arte de procedencia dudosa y la presión de Gobiernos extranjeros, los principales museos llevan tiempo abordando eficazmente la cuestión de la propiedad de sus tesoros aplicando una lupa sobre los orígenes y el medio por el que fueron adquiridas. El caso americano es particular porque concurren tres posibles procedencias: expolio colonial, culturas nativas y saqueo nazi. El Natural History Museum de Nueva York anunció hace poco el cierre de dos salas dedicadas a los pueblos nativos a la espera de aplicar las nuevas normas del Gobierno Federal que requieren el consentimiento de las comunidades. En cuanto a piezas con origen en otros países, el Met lidera la revisión de sus colecciones con un escrutinio radical, espoleado por reclamaciones extranjeras en un proceso de restitución acelerado. El Departamento de Seguridad Interior ha contribuido a la devolución de más de 20.000 objetos desde 2007, casi todos incautados a marchantes y coleccionistas. En 2022 Nueva York adoptó una ley que obliga a los museos a reconocer obras de arte robadas a los judíos, ampliando la definición a ventas forzosas y especificando el origen de manera visible a la hora de exponerlo. El goteo de restituciones es constante y no ha cesado.

España también ha sufrido la pérdida de una parte muy valiosa de su patrimonio. En muchas ocasiones por la desidia de las autoridades que, hasta bien entrado el siglo XX, no articularon una protección del patrimonio histórico español, y, en otras, por el flagrante robo de colecciones, como el llevado a cabo por las tropas napoleónicas durante la Guerra de Independencia (1808-1814) entre los que cabe destacar el saqueo liderado por el mariscal Jean-de-Dieu Soult, gobernador militar de Andalucía, así como las obras incautadas por las tropas inglesas del general Wellington en la retirada de los franceses, muchas de las cuales Fernando VII «regaló» al héroe militar como recompensa por su ayuda (The Spanish Gift). Se calcula que de la capital salieron unas mil quinientas obras, y de Sevilla, alrededor de mil. Entre las pérdidas cabe destacar el *Tesoro del Delfín,* cuadros de Velázquez como *La Venus del espejo, El retrato de Felipe IV de castaño y plata* y *La Inmaculada Concepción,* así como el *Matrimonio*

*Arnoflini* de Jan van Eyck, hoy en la National Gallery de Londres, un importantísimo conjunto de cuadros de Murillo, además de obras de Ribera y Alonso Cano, entre muchos otros. El *Tesoro* fue devuelto en 1815, y en 1816 el general Miguel Ricardo de Álava, embajador en Países Bajos, logró recuperar bastantes piezas en Francia. Sin embargo, muchas quedaron fuera, vendidas por los herederos de Soult (157 pinturas) o conformando la colección del llamado Museo Español Jean-de-Dieu Soult de Luis Felipe de Francia en el Louvre, inaugurado en 1838. En 1940, gracias a un intercambio de obras con el Gobierno de Pétain, antiguo embajador galo en Madrid, en agradecimiento a Franco por su neutralidad en la guerra, España logró recuperar *La dama de Elche,* actualmente en el Museo Arqueológico Nacional, y la *Inmaculada Concepción de los Venerables* de Murillo, hoy en el museo del Prado. Muchas otras joyas del patrimonio español quedaron fuera para siempre.

# CONCLUSIONES

En 2019 más de veinte millones de personas visitaron los museos españoles. La pandemia obligó a todos los centros a frenar de golpe y propició una importante reflexión. En diciembre de 2020, en un artículo de *El Mundo* titulado «Se acabó el espectáculo», Antonio Lucas anunciaba que, tras el trauma de la covid-19, el modelo de la «hiperventilación de la abundancia» en el que muchos centros habían adoptado el perfil de gran superficie de ocio estaba «claramente agotado». Los directores de instituciones de referencia hablaban de cambios de calado que pasaban por admitir una cierta soberbia, repensar el modelo en su totalidad, así como redimensionar el papel del museo en la sociedad. La noción de éxito «va a dejar —por ahora— de dictarse en términos cuantitativos (visitantes, actividades, espacios, franquicias, gastos y patrocinios)» y se pronosticaba un futuro en el que veríamos instituciones con vocaciones más solidarias, acentuando la utilidad pública del arte y dando mayor importancia al papel del museo al servicio de la sociedad. Se predecía que todo esto iba a conllevar seguramente la aparición de nuevos relatos y aproximaciones al arte. Se vaticinaba que veríamos una mayor apuesta por las colecciones permanentes en detrimento de las exposiciones espectáculo, una ampliación de la dimensión educativa de los museos y la potencialización de la tecnología, sobre todo en lo relativo a la museografía digital, para dar cabida a la mejor experiencia virtual posible.

Cuatro años después, los pronósticos de entonces se ajustan bastante a la realidad de hoy. Y las magníficas cifras récord de visitantes que acudieron a todos los museos españoles en 2023 evidencian el auge de la cultura en general y de los museos en particular como opción de ocio entre los ciudadanos. Mucho, pues, para celebrar.

Por mi parte, querido lector, cuando hablar se ha convertido en un deporte de riesgo, espero que esta modesta apología del humanismo y de la cultura clásica, del museo como Templo y del Gran Arte como comunión con lo sublime, revele que estos no son asuntos anacrónicos e irrelevantes, sino opciones que pueden ser —y son— irreverentemente actuales.

Reconozco que, en un mundo lleno de mal, un mundo de tal sufrimiento que llevó a Tolstói a animar a emprender algo socialmente más útil que contar historias inventadas, y a Brecht a decir que una conversación sobre árboles puede ser, a veces, un delito, hablar del arte en los términos en los que lo hago puede ser considerado casi inmoral.

No reniego de la gran pregunta clásica acerca de la utilidad del arte en un mundo lleno de mal, cómo compatibilizar el lamento del mundo y la canción del arte, como dice el pensador Rüdiger Safranski en su magnífica reflexión titulada, precisamente, *El mal*. Pero aquí reivindico la utilidad del arte a la que alude un joven poeta austríaco, Hugo von Hofmannsthal (1874-1929), respondiendo a la pregunta sobre el elitismo del arte en un mundo lleno de mal:

*Es obvio que algunos deben morir abajo,*
*donde estrían los pesados remos de las naves.*
*Otros habitan arriba, junto al timón,*
*conocen el vuelo del ave y las regiones de las estrellas.*

O Vladímir Nabokov (1899-1977):

Diré sin ningún rodeo que una obra con fuerza inventiva solo existe para mí en tanto que me produce un elevado sentimiento estético, es decir, la sensación de pertenecer solidariamente de algún modo y en algún lugar a otros estados del ser.

De entrada, dice Safranski, el arte no le hace a uno solidario con los galeotes sino con el vuelo del ave. Y Nabokov lo formula de manera —impúdicamente— explícita. Incómodamente incluso. En sus mejores momentos, en sus instantes especiales, el arte puede ir más allá de todo lo útil a la vida y producir intimidad con lo inefable. Ese es su elemento extático, impulsar los disfrutes hasta su cumbre. El autor recuerda la definición a la que han llegado otros. George Steiner (1929-2020) usa el término «Dios», y Lyotard, «lo sublime». Para Karl Heinz Bohrer (1932-2021), sea cual sea el nombre que se le quiera dar, el arte «tiene el valor de ser fiel a su propia naturaleza, siempre extáticamente a una considerable distancia del mundo». Kafka habla de escribir para buscar aquel lugar donde vuelve a ser posible «vacilar ante el nacimiento», un acto de libertad. Otros, ante la imposibilidad de escapar al mal, optaron por transformarlo en algo sagrado y sublime; transgresión que, según Safranski, es la trascendencia con ayuda del mal. Apurar la vida en vez de aprovecharla, dice Bataille. El vértigo. Sade, Poe, Flaubert, para quienes el principio de la utilidad es una esclavitud —el horror—, no quisieron ser útiles y en ningún caso querían que su arte fuera bueno para algo.

Para Platón el conocimiento es el bien supremo. No se refiere aquí a los conocimientos útiles, las habilidades de ingenieros, carpinteros y artesanos. Sino a un tipo de conocimiento cuyo fin está en él mismo. Se trata de un conocimiento que *transforma* al que conoce. «El que conoce se hace semejante a lo conocido», dice Safranski. Lo conocido son las ideas imperecederas, como orden y armonía, que pasan al que las conoce. El alma se transforma en tanto conoce, «se hace parte de él, realiza en sí la armonía cósmica». Y para el filósofo griego, la felicidad del conocimiento es tan exaltada que cura incluso el miedo a la muerte, como lo hizo con Sócrates.

¿Cuál es esa dicha a través del conocimiento a la que apunta Platón? «El sentimiento de estar en casa», explica Safranski. Frente al desacuerdo, engaño y disonancia que produce el mal, el conocimiento concebido como una medida capaz de crear confianza y que conduce a la concordancia con el mundo. En esta tradición, el conocimiento se concibe como «una ciencia alegre» en un doble sentido. En primer lugar, puede uno alegrarse de lo que conoce.

En segundo lugar, uno se alegra del hecho de conocer, «de haber arrancado un triunfo al no saber».

Solo me queda pedirle que vaya a ver gran ARTE, arte con mayúsculas, para conocerse mejor.

# Bibliografía

ABELLA, Manuel, «La Ilustración francesa. Voltaire, Montesquieu y el proyecto de la Enciclopedia», ponencia en el curso de la Escuela de Filosofía «Historia de la filosofía desde la Ilustración hasta el final del siglo XIX», Madrid, octubre de 2023.

ADORNO, Theodor W., y Max HORKHEIMER, *Dialéctica de la Ilustración*, traducción de Joaquín Chamorro Mielke, Madrid, Akal, 2007.

ALEMANY, Luis, «Por qué los museos españoles baten récords de visitas», *El Mundo*, 6 de enero de 2024.

ALEMANY, Luis, «Objetivo: descolonizar los museos nacionales», *El Mundo*, 23 de enero de 2024.

ÁLVAREZ CUARTERO, Izaskun, «Descolonizar un museo: más allá de víctimas y villanos», *El País*, 26 de enero de 2024.

ARA, María Dolores, «Leyendo a Proust. Ser es recordar», ponencia en curso «Youtopía», Madrid, 2020.

ARJONA, Daniel, «Helen Pluckrose. La pensadora que desmonta la farsa de las ideas posmodernas», *El Mundo*, 20 de octubre de 2023.

BARREIRA, David, «La "Inmaculada" de Murillo expoliada por las tropas de Napoleón. La jugada de Franco por recuperarla», *El Español*, 8 de diciembre de 2023.

113

Barro, Argemino, «Doctrina *woke*», *El Confidencial,* 2021, serie de cinco artículos.

Bassets, Marc, «Jack Lang, el último zar cultural», *El País,* 25 de abril de 2021.

Beauregard, Luís Pablo, «Dennis Lehane: "La raza ha definido EE UU desde el principio. Es el pecado que no podemos superar"», *El País,* 14 de enero de 2023.

Bergson, Henri, *Materia y memoria,* edición y traducción de Patricio Peñalver, Salamanca, Sígueme, , 2021.

Blake, William, *Letter to Dr. Trustler, 23 August 1799,* Londres, The British Library, <www.bl.uk>.

Buhigas, Jaime, «Belleza y armonía», ponencia en curso «Youtopía», Madrid, 2019.

Burke, Edmund, *Reflexiones sobre la revolución en Francia,* traducción de Carlos Mellizo, Madrid, Alianza, 2016.

Burke, Peter, *The Polymath. A Cultural History from Leonardo da Vinci to Susan Sontag,* New Haven, Yale University Press, 2020.

Colmenero, Ricardo, «Más tontos y más vagos por culpa de la inteligencia artificial», *El Mundo,* 24 de octubre de 2023.

Confino, Paolo, «The $8.5 billion 'Barbenheimer', Beyoncé and Taylor Swift Bonanza is fading, and the summer's pop culture economy is giving way to a winter in consumer spending, Morgan Stanley warns», *Fortune,* n.º 31, agosto de 2023.

Corroto, Paula, «El Thyssen se pone feminista con 'Maestras`, una exposición que peca de demasiadas obviedades», *El Confidencial,* 11 de noviembre de 2023.

Corroto, Paula, «Urtasun, con Díaz y Colau: "Levantaremos la bandera de la cultura frente a la censura"», *El Confidencial,* 21 de noviembre de 2023.

Corroto, Paula, e Irene Hernández Velasco, «Urtasun llega tarde: la descolonización de los museos ya está en marcha», *El Confidencial,* 23 de enero de 2024.

Corroto, Paula, «Teatro deFondo denuncia el veto de Vox a una obra de Woolf: "Si es por ideología, mal, si es por gestión económica, peor"», *El Confidencial,* 28 de junio de 2023.

CRIADO, Miguel Ángel, «Los misteriosos círculos de hadas confirman las teorías de Alan Turing», *El País,* 28 de septiembre de 2023.

DELGADO-GAL, Álvaro, *Los conservadores y la revolución,* Madrid, Alianza, 2023.

DESCARTES, René, *Discurso del método,* traducción de Risieri Frondizi, Madrid, Alianza, 2011.

DÍAZ, Jesús, «Un nuevo estudio muestra una revolucionaria visión sobre el origen de la vida», *El Confidencial,* 25 de septiembre de 2023.

ECUYER, Catherine L', *Educar en el asombro,* Barcelona, Plataforma, 2013.

FANJUL, Sergio C., «Sumar en el Ministerio de Cultura: ¿continuismo o ruptura? », *El País,* 8 de enero de 2024.

FICHTE, Johann Gottlieb, *Introducciones a la doctrina de la ciencia,* traducción de J. M. Quintana Cabañas, Madrid, Tecnos, 1987.

FOUCAULT, Michel, *La verdad y las formas jurídicas,* traducción de Enrique Lynch, Barcelona, Gedisa, 2001.

FOUCAULT, Michel, *La microfísica del poder,* traducción de Edgardo Castro, Buenos Aires, Siglo XXI, 1977.

GARCÍA NAVARRO, Carlos (ed.), «"Invitadas". Fragmentos sobre mujeres, ideología y artes plásticas en España. 1833-1931», catálogo de exposición, Madrid, Museo Nacional del Prado, 2020.

GARCÍA NORRO, Juan José, «Rousseau: "El contrato social"», ponencia en el curso de la Escuela de Filosofía «Historia de la filosofía desde la Ilustración hasta el final del siglo XIX», Madrid, octubre de 2023.

GÓMEZ, A., «Escribir a mano es mejor para tu cerebro que hacerlo con el teclado», *El Confidencial,* 26 de enero de 2024.

GREENBLATT, Stephen, *The Swerve. How the World Became Modern,* Nueva York, W. W. Norton, 2012. [Hay ed. en cast.: *El giro. De cómo un manuscrito olvidado contribuyó a crear el mundo moderno,* traducción de Joan Rabasseda y Teófilo de Lozoya, Barcelona, Crítica, 2012].

GUIMÓN, Pablo, «Los gurús digitales crían a sus hijos sin pantallas», *El País,* 24 de marzo de 2019.

HAN, Byung-Chul, *Shanzhai. El arte de la falsificación y la deconstrucción en China,* Buenos Aires, Caja Negra, 2016.

HAN, Byung-Chul, «Digitalización y disrupción en el mundo de la vida», curso magistral de Filosofía en la Universidad Internacional Menéndez Pelayo, Santander, 1 y 2 agosto de 2022.

HERAS, Mario de las, «Urtasun radicaliza la iniciativa del "Prado extendido" mencionando la descentralización», *El Debate,* 30 de noviembre de 2023.

HERNÁNDEZ VELASCO, Irene, «Este filósofo convierte el mito en *mainstream:* "Tenemos una enorme necesidad de lo sagrado"», *El Confidencial,* 3 de diciembre de 2023.

HERNÁNDEZ VELASCO, Irene, «Escribir a mano nos hace aprender mejor… y lo estamos perdiendo», *El Confidencial,* 12 de noviembre de 2023.

INCERTIS, Raquel R., «Diego del Alcázar: "Los libros son avances tecnológicos"», *El Mundo,* 21 de octubre de 2023.

ISAACSON, Walter, *Leonardo da Vinci,* Nueva York, Simon & Schuster, 2017.

IRVING, Washington, *La leyenda de Sleepy Hollow y otros cuentos fantásticos,* traducción de Victoria León Varela, Madrid, Alianza, 2020.

JOWETT, Benjamin, *The Dialogues of Plato,* 5 vols., Oxford University Press, Oxford, 1892.

KANT, Immanuel, *Contestación a la pregunta ¿qué es la Ilustración?,* trad. Baltasar Espinoza, Taurus, Madrid, 2012.

KEYNES, Geoffrey, *The Letters of William Blake,* Cambridge, Harvard University Press, 1970.

KELLEY, William Melvin, «If you're woke you dig it. No Mickey Mouse can be expected to follow today's Negro idioma without a hip assist», *The New York Times,* 20 de mayo de 1962.

KOESTLER, Arthur, *The Sleepwalkers: A History of Man's Changing Vision of the Universe,* Londres, Penguin Books, 2014.

LANSKY, Sam, «The Poet Laureate of Pop Culture», *TIME,* 25 de diciembre de 2023, pp. 34-48.

LAVIANA, Juan Carlos, «Álvaro Delgado-Gal. Los conservadores y la revolución», *Nueva Revista,* 13 de octubre de 2023.

LAWRENCE, A. W., *Greek Architecture,* Nueva York, Penguin, 1983.

LEHMAN, Geoff, y Michael WEINMAN, *The Parthenon and Liberal Education,* Albany, SUNY Press, 2018.

LLEDÓ, Emilio, *El silencio de la escritura,* Barcelona, Austral, 1991.

LÓPEZ BENITO, Victoria, «La museografía de los museos de arte. Un modelo en proceso de cambio», *Anales de Historia del Arte,* vol. 23, 2013, pp. 461-470.

LUCAS, Antonio, «Se acabó el espectáculo», *El Mundo,* 12 de diciembre de 2020.

LUCAS, Antonio, «Que descolonizar no sea otra manera de esconder», *El Mundo,* 23 de enero de 2024.

LUKIANOFF, Greg, Jonathan HAIDT, *The Codling of the American Mind: Hoy Good Intentions and Bad Ideas are Setting Up a Generation for Failure*, Penguin Random House, London, 2019.

Memoria Anual del Museo Nacional del Prado, Madrid, 2001 y 2019.

MARCOS, Ana, «El Thyssen culmina su "transformación feminista" con una exposición que rinde homenaje a las artistas», *El País,* 30 de octubre de 2023.

MATILLA, José Manuel, Javier PORTÚS, María de los Santos GARCÍA FELGUERA y Helena PÉREZ GALLARDO, «El grafoscopio. Un siglo de miradas al Museo del Prado (1819-1920)», catálogo de exposición, Madrid, Museo del Prado, 2004.

MCWHORTER, John, *Woke Racism. How a New Religion Has Betrayed Black America,* Nueva York, Penguin Radom House, 2021.

MERINO, Alfredo, «Cinco siglos de arte en femenino, reunidos en el Thyssen», *El Mundo,* 12 de noviembre de 2023.

DE MIGUEL, Rafael, «Charles Saumarez-Smith: "Si haces dinero, te ven como un representante del capitalismo malvado"», *El País,* 18 de abril de 2021.

MILLÁN, José Antonio, *Los trazos hablan. El triunfo y el abandono de la escritura a mano,* Barcelona, Ariel, 2023.

MOLINA, Ángela, «Abrir la granada», *El País,* 21 de noviembre de 2020.

MOLINA, Ángela, «"Maestras" en el Thyssen. Una historia oportunista del arte hecho por mujeres», *El País* (Babelia), 25 de noviembre de 2023.

MORRILL, Rebecca, *Great ~~Women~~ Artists,* Londres, Phaidon Press, 2019.

MURRAY, Douglas, *The Madness of Crowds,* Londres, Bloomsbury, 2019.

NOCHLIN, Linda, *Why Have There Been No Great Women Artists?*, 50th Anniversary Edition, Thames and Hudson, Londres, 2021.

OKAKURA, Kakuzo, *El libro del té,* traducción de Alberto Colodrón, Madrid, Edaf, 2019.

OLMOS, Alberto, «La cultura explicada al ministro de Cultura», *El Confidencial,* 27 de noviembre de 2023.

PADILLA, Mar, «Expolio nazi, heridas abiertas», *El País* (Babelia), 14 de enero de 2024.

PATTERSON, Richard W., y Robert M. PATTERSON, «Computers and productivity. Evidence from laptop use in the college classroom», *Economics of Education Review,* vol. 57, abril de 2017, pp. 66-79.

PÉREZ, Pablo G., «La armonía del universo», *El País,* 22 de junio de 2021.

PLATÓN, *Diálogos: Gorgias, Fedón, El banquete,* traducción de Luis Roig de Lluis, Barcelona, Espasa, 2010.

PLATÓN, *Ión, Timeo, Critias,* traducción de José María Pérez Martel, Madrid, Alianza, 2004.

PLUCKROSE, Helen, y James A. LINDSAY, *Cynical Theories,* Londres, Swift Press, 2021.

PLUCKROSE, Helen, James A. LINDSAY y Peter BOGHOSSIAN, «Dog Rape and Mein Kampf as a feminist Text. Why We Hoaxed Journals with Terrible Papers», *The New Statesman,* 8 de octubre de 2018.

PROUST, Marcel, *En busca del tiempo perdido,* traducción de Pedro Salinas, Madrid, Alianza, 2017, tomos I-VII.

QUEROL, Ricardo de, «Torquemada no mató tanto y otras lecciones de los forofos del imperio», *El País,* 29 de septiembre de 2023.

REIFF HOWARTH, Shirley, «Today's Museums. Temples or Forums», *The Humanities Exchange,* <http://humanities-exchange.org>.

ROUSSEAU, Jean-Jacques, *Discurso sobre las ciencias y las artes* y *Discurso sobre el origen de la desigualdad entre los hombres,* traducción de Mauro Armiño, Madrid, Alianza, 2012.

ROYO, Alberto, «Vindicación del elitismo intelectual», *El Mundo,* 24 de febrero de 2021.

SAFRANSKI, Rüdiger, *El mal o el drama de la libertad,* traducción de Raúl Gabás, Barcelona, Tusquets, 2020.

SÁNCHEZ FERLOSIO, Rafael, *Borriquitos con chándal. Escritos sobre la educación, la enseñanza y el deporte,* Madrid, Debate, 2023.

SÁNCHEZ PÉREZ, Sonia, «El consumo de tabaco como símbolo de libertad femenina. Análisis de las estrategias publicitarias utilizadas por Virginia Slims», trabajo de fin de grado, Universidad de Valladolid, 2018.

SANGUINETTI, Pablo, *Tecnohumanismo,* Madrid, La Huerta Grande, 2023.

SANMARTÍN, Olga, «El gran fiasco de las pantallas en la educación», *El Mundo,* 26 de octubre de 2023.

SEISDEDOS, Iker, «John Irving: "Lo *woke* es irritante y feo, pero peor es tener un republicano en la Casa Blanca», *El País,* 30 de septiembre de 2023.

SERRANO, Nacho, «Vox cancela el Periferias de Huesca, "un festival de culturetas progres"», *ABC,* 11 de diciembre de 2023.

STRUTH, Thomas, «Making Time», catálogo de exposición), Madrid, Museo Nacional del Prado, 2007.

TERRASA, Rodrigo, «El gran enredo del sistema educativo en España», *El Mundo,* 8 de octubre de 2023.

VICENTE, Álex, «Laurence des Cars, primera mujer que dirige el Museo del Louvre», *El País,* 26 de mayo de 2021.

VICENTE, Álex, «Los museos europeos aspiran a descolonizarse», *El País,* 13 de junio de 2021.

VICENTE, Álex, «La Bienal de Sao Paulo responde a "los nuevos fascismos" con un 80 por ciento de artistas no blancos», *El País,* 25 de septiembre de 2023.

VIDAL LIY, Macarena, «Científicos chinos aseguran haber creado los primeros bebés modificados genéticamente», *El País*, 26 de noviembre de 2018.

VILLA, Rocío de la, «Maestras», catálogo de exposición, Madrid, Museo Thyssen-Bornemisza, 2023.

VILLACAÑAS, José Luis, «Filosofía contrarrevolucionaria. De Maistre y Burke», ponencia en el curso de la Escuela de Filosofía «Historia de la filosofía desde la Ilustración hasta el final del siglo XIX», Madrid, noviembre de 2023.

VILLACAÑAS, José Luis, *Imperiofilia y el populismo nacional-católico. Otra historia del imperio español,* Madrid, Lengua de Trapo, 2019.

VITRUVIO POLIÓN, Marco, *Los diez libros de arquitectura,* traducción de José Luis Oliver Domingo, Madrid, Alianza, 1997.

VV. AA., «Los museos de Europa y Estados Unidos afrontan su pasado colonial», *El País*, 28 de enero de 2024.

WOLF, Virginia, *Una habitación propia,* traducción de Laura Pujol, Barcelona, Austral, 2016.

WOLLSTONECRAFT, Mary, *Vindicación de los derechos de la mujer,* traducción de Marta Lois González, Barcelona, Penguin Clásicos, 2020.

La primera edición de este libro se terminó
de imprimir en Madrid
en el mes de junio de 2024